同济大学本科教材出版基金资助

工业工程实验教程

郭瑞琴 张新艳 编著

同济大学 出版社
Tongji University Press

内 容 提 要

本书以智能制造体系和工业工程学科总体培养计划为框架，将工业工程活动涉及的工程技术问题进行归类，并将部分工程研究课题转化为实验教学项目，内容涵盖工业工程专业主干课程的理论知识与技术，能够满足一般工程类工业工程专业的实验教学需求。本书可作为工业工程专业本科、研究生的实验教材和短期培训实验教材，也可供从事工业工程教学、研究与实验的人士参考。

图书在版编目(CIP)数据

工业工程实验教程 / 郭瑞琴，张新艳编著. —上海：同济大学出版社，2021.12
 ISBN 978-7-5608-9890-2

Ⅰ.①工… Ⅱ.①郭… ②张… Ⅲ.①工业工程—教材 Ⅳ.①F402

中国版本图书馆 CIP 数据核字(2021)第 179250 号

工业工程实验教程

郭瑞琴 张新艳 编著

责任编辑 朱 勇 **助理编辑** 王映晓 **责任校对** 徐春莲 **封面设计** 陈益平

出版发行	同济大学出版社　www.tongjipress.com.cn	
	(地址：上海市四平路1239号 邮编：200092 电话：021-65985622)	
经　销	全国各地新华书店	
印　刷	常熟市大宏印刷有限公司	
开　本	787 mm×1092 mm　1/16	
印　张	12.25	
字　数	306 000	
版　次	2021年12月第1版　2021年12月第1次印刷	
书　号	ISBN 978-7-5608-9890-2	
定　价	45.00元	

本书若有印装质量问题，请向本社发行部调换　　版权所有　侵权必究

前　言

随着社会需求的不断发展,智能制造成为国家发展的重点,制造业对科学规划、高效管理、个性化生产的要求也越来越高。为了适应社会发展对工程技术人才需求的变化,工业工程学科体系在不断变革,高校工业工程专业人才培养计划也在逐年修订,实验教学的要求和实验内涵也应随之改变。

本书依照工业工程在工业生产经营过程中的活动范围,将工业工程活动所涉及的工程技术问题进行归类,并结合同济大学工业工程专业培养计划,通过分析培养计划中所涉及的技术功能,将理论课程划分为与之对应的不同模块,并根据教学大纲,规划和组织实验教学内容,设计实验项目,形成既注重解决工程技术问题,又与理论教学密切关联的模块化实验教学课程体系,以实现工业工程专业人才培养的新目标,满足社会对工程人才的需求,同时解决目前普遍存在的理论教学与实践教学脱节的问题。

本书是在近几年实验教学研究成果的基础上编写的,旨在将部分工程研究课题转化为实验教学项目。本书共分三部分,第一部分对"工程应用—理论教学—实验教学"三位一体的模块化实验教学课程体系进行了介绍;第二部分整合了部分模块化系列实验,主要包括工业工程专业基础类实验、工效学类实验、规划与设计类实验、管理与控制类实验及专业设计创新类实验;第三部分给出了实验成绩评价方法。

本书可作为工业工程专业本科生、研究生和工业工程短期培训实验教材,也可供从事工业工程教学、研究与实验的人士参考。

本书主要由郭瑞琴编写,张新艳参编了书中仿真类实验的内容,刘世亮承担了部分实验项目的测试和文字工作。在编写过程中,参考了多种书刊和文献资料,在此对相关作者表示衷心的感谢。

由于作者水平有限,书中难免存在各种不足,恳请读者批评指正!

编者

2021.7

目 录

前言

第 1 部分　工业工程专业实验教学课程体系

第 1 章　绪论 ·· 3
1.1　概述 ··· 3
1.2　工业工程人才课程体系 ··· 9
1.3　工业工程专业实验教学体系 ·· 11

第 2 部分　工业工程专业实验

第 2 章　工业工程专业基础类实验 ·· 21
2.1　生产计划实验 ··· 21
2.2　最短路径规划实验 ··· 28
2.3　方法研究——工艺程序分析实验 ································ 30
2.4　方法研究——双手操作分析实验 ································ 33
2.5　方法研究——动作分析实验 ····································· 38
2.6　作业测定实验 ··· 40
2.7　人机操作分析实验 ··· 44

第 3 章　工效学类实验 ··· 50
3.1　环境照明与工作效率关系实验 ··································· 50
3.2　心率与耗氧量关系测定实验 ····································· 54
3.3　劳动强度测定与评价实验 ·· 57
3.4　环境照明综合实验 ··· 60
3.5　作业空间对工作效率影响实验 ··································· 66

第 4 章　规划与设计类实验 ··· 72
4.1　智能车间认知实验 ··· 72
4.2　智能物流系统认知实验 ··· 75
4.3　产品结构 BOM 设计实验 ··· 79

  4.4 生产线规划与设计实验 ··· 82
  4.5 仓储货位规划与编码实验 ··· 86
  4.6 简单运作系统仿真分析实验 ·· 93
  4.7 中断式运作系统仿真分析实验 ··· 101
  4.8 非中断式运作系统仿真实验 ·· 106
第 5 章 管理与控制类实验 ·· 114
  5.1 生产能力测定与平衡实验 ··· 114
  5.2 生产线平衡实验 ··· 119
  5.3 现代物流仓储系统综合实验 ·· 124
  5.4 柔性智能制造系统认知与操作实验 ·································· 133
第 6 章 专业设计创新类实验 ··· 141
  6.1 手持工具分析与优化实验 ··· 141
  6.2 现代物流仓储系统应用创新实验 ····································· 148
  6.3 产品智能引导装配方案设计创新实验 ······························ 156

第 3 部分 工业工程实验成绩评价方法

第 7 章 实验成绩评价方法 ·· 167
  7.1 工业工程实验教学的特点 ··· 167
  7.2 实验教学成绩评价体系的目的 ·· 167
  7.3 多元实验成绩体系的构成 ··· 168
  7.4 实验课程总成绩评价方法 ··· 171

附录 ··· 173
  附录 1 生产计划基础数据 ·· 173
  附录 2 工作研究常用分析方法 ·· 175
  附录 3 工作研究常用时间宽放率 ·· 177
  附录 4 体力劳动强度分级表 ··· 179
  附录 5 环境照明参考标准 ·· 180
  附录 6 主观疲劳感觉量级表 ··· 181
  附录 7 喷油泵组成及装配工艺技术文件 ······························ 182
  附录 8 计算机主机箱生产工艺技术文件 ······························ 186

参考文献 ··· 187

第1部分
工业工程专业实验教学课程体系

第1章 绪论

1.1 概述

1.1.1 引言

工业工程(Industrial Engineering, IE)源于20世纪初的美国,在发达国家得到广泛的应用。它以现代工业化生产为背景,是在科学管理的基础上逐步形成和发展起来的一门交叉学科。工业工程与一般管理技术的最大差别在于,它融工程技术与管理技术于一体,具有工程技术与管理技术的双重属性,用工程的理论与方法解决工程管理问题,用工业工程的技术来提高企业的管理水平和经济效益。随着人工智能技术、信息技术、大数据等科学技术的快速发展,工业工程学科的内涵也发生了变化,由于更强调系统性,已从传统的"技术＋管理"发展成为"技术＋管理＋系统"的现代工业工程学科。工业工程的应用领域也从最初的制造业,逐渐拓展到交通、建筑、服务、医疗、文教及卫生等多种产业,对提高工作效率、产品质量和管理水平起着至关重要的作用。

1.1.2 工业工程的定义

工业工程是一门以提高系统效率和效益为目标的工程技术。工业工程学科以系统工程为原理,以运筹学等数学方法为理论基础,以现代信息、数据处理技术为工具,面向制造、服务、交通运输等行业,用工程量化的分析方法对这些行业内由人员、物料、设备、能源、信息等所组成的复杂系统中的工程与管理问题进行定量分析、系统设计、优化与改善,从而实现整个系统的效率和效益最大化。例如,对制造业来讲,针对现代工业工程产品全生命周期的各个阶段,工业工程学科致力于提高企业的生产效率和产品质量,降低生产和供应链成本,增强企业对市场的快速响应能力,优化企业组织机构和运作管理方式,提高企业的生产管理水平和信息管理水平。

在工业工程学科发展的不同时期,各国所拥有的工程技术、管理技术不同,其经济发展水平、社会环境、工程应用背景以及相关学者和学术团体关注的侧重点不同,使得国际上对工业工程的定义不尽相同,但是内涵大致相似。其中,最具代表性的当属美国工业工程师协会(American Institute of Industrial Engineering, AIIE)提出后经修改的定义:工业工程是研究人员、物料、设备、能源、信息等所组成的综合系统的设计、改善和设置的工程技术,它应用数学、自然科学和社会科学方面的知识和技术,以及工程分析与设计的原理和方法，来确定、预测和评价由该系统得到的结果。

美国工业工程师协会给出的工业工程的定义得到了国际上工业工程专家的认可，该定义已被作为标准术语收录在美国国家标准 Z94 中。该定义表明，IE 实际上是一种方法学，它告诉人们，为把人员、物料、设备、能源、信息等组成有效的系统，需要运用哪些知识、采用什么方法去研究问题，以及如何解决问题，明确了工业工程学科的性质。该定义的基本特征主要体现在以下四个方面：

（1）工业工程是一门管理与技术相集成的科学，是使用工程理论和技术方法解决管理问题的一种管理技术。

（2）工业工程的研究对象是由人员、物料、设备、能源、信息等构成的各种生产、经营管理的整体系统，并且不局限于工业生产领域。

（3）工业工程学科的基础具有多样性与交叉性。工业工程所采用的理论与方法来自自然科学和社会科学中的专门知识以及工程学中的分析、规划、设计等理论与技术，特别是系统工程的理论与方法。

（4）工业工程专业的基本职能是对企业的整体系统进行设计、改善、控制与评价。

在日本，工业工程被认为是一门工程学专业。日本根据其技术水平和社会环境，主要采用了美国国家标准中工业工程的定义，只是略加修改，形成了日本早期的工业工程定义。随着 IE 技术在日本的广泛应用，其理论和方法在使用中得到了很大的发展，也暴露出定义的局限性。因此，日本对美国的 IE 定义进行了重新定义，即：IE 是一种活动，它以科学的方法，有效地利用人、财、物、信息、时间等经营资源，优质、廉价并及时地提供市场所需要的商品和服务，同时，探索各种方法给从事工作的人们带来满足和幸福。该定义不仅清楚地说明了 IE 的性质、目的和方法，还首次将人文内容写入定义中，这正是工业工程学科与其他学科的不同之处。

除了美国和日本，工业工程方法在其他国家及地区也得到了逐步的应用，并结合本国或本地区的需求，给出了类似的工业工程定义。我国香港和台湾地区的工业工程学者认为，工业工程就是用工程技术的方法来解决管理问题，而工业工程工程师就是企业的"医生"，用技术解决工作中的相关问题，充分体现了工业工程对企业管理的重要性。

我国从 20 世纪 90 年代后期开始大规模发展工业工程专业，大批院校开设了该专业，工业工程的理念和技术在工程企业中开始应用，并快速得到推广，形成了大量的应用成果。考虑到工业工程的特征，结合我国当前工业技术的水平、社会环境和发展需求，我国主要采用教育部高等学校工业工程类专业教学指导委员会齐二石等教授的定义：工业工程是一门以系统效率和效益为目标的工程技术，对涉及人员、物料、设备、信息、能源等要素组成的生产与服务系统进行集成规划、设计、改善、控制、评价和创新，它应用自然科学、社会科学，特别是工程技术的理论与方法，来追求系统的效率、成本、质量、环保等指标的改善与优化，并可用于工业、农业、服务业等多种产业系统。

这一定义强调了工业工程的整体系统特征，既包括对各要素的有效利用，也包含了人文关怀,充分考虑人在整体系统中的作用。定义扩展了工业工程的应用领域,工业工程中的工业是各种产业的集合体,其基本理论和方法广泛应用于各种领域,还原了工业工程系统规划与优化的本质。简而言之,工业工程就是以各种产业组织整体系统为研究对象,为解决管理效率、质量和成本等管理问题的工程技术体系。

总之,工业工程作为一门管理与技术的集成学科,其研究内容具有很强的时代特征和本土性需求,与所处时代的技术发展水平、社会需求等因素紧密相关,因此,必将根据不断变化的技术和社会环境不断发展和完善。

1.1.3 工业工程学科的特点

工业工程的定义表明,工业工程是一种工程技术,属于工程学的范畴,但又不同于一般的工程学科。它不仅包含自然科学和工程技术,还包含社会科学和经济管理学方面的知识。工业工程以大量的工程技术为基础,随着工程技术的发展,工业工程学科的内涵也在变化。近几年,随着系统科学和系统工程理论与方法的不断发展,计算机技术、人工智能技术、通信技术和大数据技术等工程技术的快速发展,工业工程学科成为最能体现先进管理技术与先进工程技术相综合的交叉学科,是沟通工程学与管理学的桥梁学科,能够实现对给定资源的有效配置。

工业工程学科的技术交叉性,决定了工业工程是一个开放性的学科体系结构,工业工程学科体系中的管理理论与工程技术的相关学科进行连接,将相关学科的理论知识应用于工业工程中。但是,工业工程与所涉及的管理学科和工程技术学科的范围、研究方式和研究的侧重点有所不同。工业工程的特点主要为:

(1)工业工程不同于一般的管理学科,是一种通过研究管理方法和手段,为管理提供技术方法和决策依据的工程活动。

(2)工业工程是对生产系统进行研究、分析、设计和改进等的工程活动,重点在于活动过程而不是结果。

(3)工业工程是运用科学技术知识,采取规划、设计、评价和创新的工程方法,重点在于发挥科学技术的力量来提高工效,而不是利用各种制度和手段取得利益的最大化。

(4)工业工程为管理者与被管理者双方服务,为管理者提供决策的科学依据,并为管理赋予科学内涵,为被管理者提供科学的工作方法,成为管理和生产技术的桥梁。

(5)工业工程以生产系统为研究对象,为将各种生产要素组成有效运行的集成系统而进行设计、改善和控制,是系统工程在生产系统中的具体应用,是现代工业工程的技术基础和方法学。

1.1.4 工业工程的目标与作用

工业工程的定义决定了工业工程的本质和追求的目标。工业工程以现代化生产为背景,其本质就是采用各种科学和工程的方法,以最小的输入,力求取得最大的输出,以实现最佳收益,是一门支持高转换效率的管理技术。其追求的目标是使生产系统的投入得到有效的利用,同时降低成本、保证质量和安全、提高生产率、获得最佳效益。具体来讲,就是应用自然科学、社会科学以及工程技术的原理和方法等,对整个生产系统的各个组成部分进行研究、分析和评估,通过再设计优化各组成部分,改善原有的生产系统,以实现生产要素的合理配置,优化运行,保证低成本、低消耗、安全、准时、高效地完成生产任务,它追求的是系统整体的优化与提高。

现代化生产系统中的专业工程技术与工业工程技术是影响生产组织效果的两大决定因素,缺一不可。台湾清华大学陈茂生教授的"水桶理论"(图1-1)形象地解释了专业工程技术与工业工程技术的辩证关系。"水桶理论"将生产力比作水桶的容量,专业工程技术(A)和工业工程技术(B)比作水桶的两个提耳,当A和B两种技术均衡发展时,水桶才能保持平衡,桶中获得最大的装水量;当A和B发展不均衡时,水桶将会出现倾斜,桶中的装水量由A和B中落后的一方而定,造成另一方资源浪费。"水桶理论"形象地表达了工业工程在现代生产系统中的主要作用。

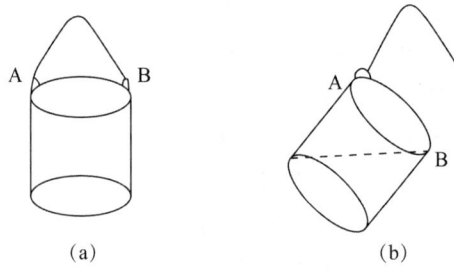

图1-1 水桶理论模型

改革开放以来,伴随着科学技术的快速发展与应用,我国工业及产业领域的专业技术水平得到了很大的提高,形成了较高的生产能力和生产规模。但是,工业与产业内部经济系统的资源利用率低、能耗高、质量和效益不高、产品等综合结构不合理、环境适应性较差、缺乏标准化管理技术,以及工程技术水平与管理水平发展不平衡等一系列问题,制约了工业与产业领域的发展。工业工程作为一种系统工程技术,它不研究设计开发产品、新工艺、新设备等专业工程技术的问题,而是研究如何将这些新工艺、新技术、新产品转化为现实生产力,并有效地利用企业或产业的材料、能源、人力、环境等现有资源。它对提高企业或产业系统性、整体性、技术与管理的能力,增强企业和产业基础竞争能力等,具有不可替代的作用,工业工程是支持企业实现效率与利益最大化的最基本原理和技术手段。

1.1.5 工业工程的功能与内容

工业工程本质上是一门用工程的方法解决管理问题的学科,它与管理学一样以提高效率和效益为目标。但是，工业工程达到管理目标的侧重点和方法不同于管理学，它用工程技术的方法，对涉及一个系统的人员、物料、设备、能源、信息等因素，给出具体的方法和策略，对系统进行优化设计、改善和重新配置，关注整个生产过程的各个环节，最大限度地发挥各影响因素的个体作用，解决工程管理的效率和效益问题。

工业工程学科经过几十年的发展，特别是近几年人工智能、通信技术、数据处理技术的快速发展，已从传统的工业工程发展成为现代工业工程，工业工程定义中的集成系统也从传统的生产系统扩展成为包含医疗卫生、交通运输等行业的广义生产系统，但是传统的生产系统依然是现代工业工程学科应用的主要领域。根据我国工业工程的定义，现代工业工程的基本功能体现在规划、设计、计划、控制、分析与评价以及改进与创新等六个方面。

1. 规划

规划是指确定一个组织未来一定时期内从事生产所应该完成的特定行动的预备活动，包括总目标、方针政策、战略和战术的制定，也包括分期（短期、中期、长期）实施计划的制订。它是协调资源利用以获得最佳效用的工具。工业工程从事的规划侧重于技术发展方面。

2. 设计

设计是指为实现某一既定目标而创建具体实施系统的前期工作，包括方案设计技术准则、规范、标准的制定，最优方案选择和蓝图绘制。工业工程的设计侧重于工程系统的设计，包括总体设计和局部设计、概念设计和具体工程项目设计等，通常应用专业知识，但不涉及具体专业内容的研究，重点在于资源的合理分配与利用。

3. 计划

计划与控制是系统实施设计方案和使其有效达到预期目的时相互依赖的重要途径。计划是管理的重要职能之一，是为了实现预定目标预先确定要去做什么、怎么做、什么时候做以及谁去做的一种程序，计划是控制的依据。

4. 控制

控制是指按照主体的意愿使事物向预期方向发展，通过对比的方法确定已经完成的计划和仍需完善的内容等，并且对发现的偏差采取改正措施，从而使目标得以实现。工业工程的计划与控制方法是通过科学的手段来管理和控制事物的运行与发展过程，以实现其预定目标，是一种积极的方法，而非管理学中的被动制度式强制管理方法。

5. 分析与评价

分析与评价是指对现有的各种系统、各种规划和设计方案以及个人和组织的业绩作出评审和鉴定，看是否符合既定目标或准则。其实施包括各种评价指标、规程的制定以及评价工作。工业工程的分析与评价是为高层管理者的决策提供客观依据、避免决策失误的重要手段。

6. 改进与创新

改进与创新是指对现存各种系统的改进与创新，提出崭新的、富于创造性和建设性见解的活动。任何一个系统,不论是一种产品、一条生产线、一个企业,还是一个产业部门,都将随着时间的推移而耗损老化,乃至消亡。通过改进与创新获得新的生命力,可以保证企业的长久发展,创新是事物生存与发展的重要途径。

该六项功能相互依存,共同支持组织管理项目的实现。为实现工业工程的六项基本功能所进行的一系列工程活动,构成了工业工程的基本内容。按照工业工程的基本功能对工程活动进行分类,构成了如图 1-2 所示的工业工程基本功能与内容。

图 1-2 中的工业工程基本内容具有通用性,不同应用领域、不同企业的工程活动范围和性质不同,生产过程中所包含的工程活动也不同。图 1-2 中的基本内容是在一定时期、一定工程技术水平、管理理论和社会环境下形成的。随着时代的变迁,各项技术的发展为工业工程提供了更多的知识和方法,工业工程学科的内容也将逐渐扩展、持续更新和不断丰富,以满足社会进步和市场竞争对生产提出的越来越高的技术要求。

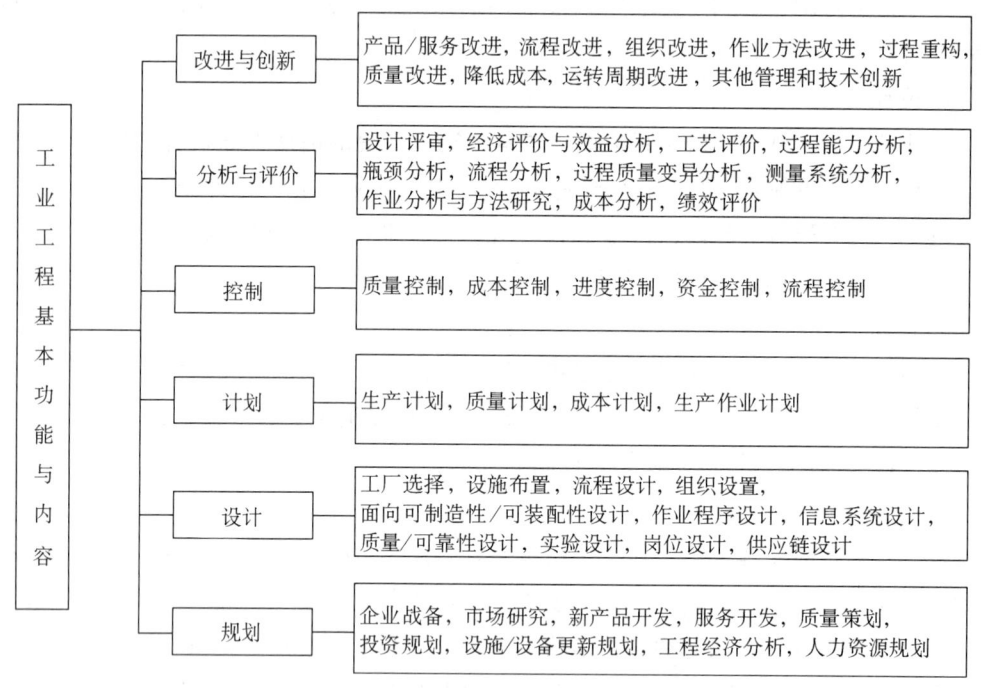

图 1-2 工业工程基本功能与内容

1.1.6 现代工业工程的发展趋势

科学技术、生产力发展和经济形态是工业工程发展的三大动因。进入 21 世纪以来,社会的经济形态从区域经济向全球化经济快速发展,计算机技术、信息技术、互联网技术以及人工智能技术的发展,极大地解放了人力,催生了新的管理技术,改变了产业的组织形式和管理方法,现代工业工程的发展主要体现在以下三个方面:

(1) 以计算机技术为代表的现代信息技术的快速发展,为社会生产和企业制造的组织、管理方式提供了新的概念、理论、技术和方法。计算机能够快速、精准地处理大量数据,使得过去无法实施管理和控制的大型复杂生产系统安全有效地运行成为可能,实现了管理技术的新飞跃。特别是计算机仿真技术的发展,为工业工程很多无法在实物或物理模型上试验的原理和方法提供了有效的验证工具,大大降低了工业工程预测和分析的成本,缩短了工程周期,并获得了更优的方案。计算机仿真技术成为工业工程中应用最广泛的技术之一。

(2) 生产力不断发展,应用领域和研究对象也将不断发展。科学技术的发展推动了生产组织方式向高自动化、个性化、多品种和小批量化生产发展,制造执行系统(Manufacturing Execution System,MES)、企业资源计划(Enterprise Resource Planning,ERP)在制造业中得到了广泛的应用,并拓展到运输行业、社会性服务行业等多领域,如物流工程、商业超市、医院管理等。

(3) 相关技术研究不断深入,学科体系将日趋完善。融入新技术、新工具的传统理论与方法不断改进,新出现的能源与环境等社会问题的技术问题将纳入工业工程学科的研究内容,工业工程学科的内容将不断丰富,学科的系统性特征更加明显。

当前,全球竞争的热点已经由物资类硬资源转向科技、信息、资金、人才等软资源,争夺的焦点不仅是占有资源,更重要的是资源的优化配置与合理应用。未来,工业工程学科不仅在柔性化、敏捷化的高效管理理念的应用研究方面有长足的发展,而且在研究的理论与方法上将进一步形成多样化的格局,并不断借鉴和吸收计算机、信息科技和运筹学等相关学科的最新成果,推动自身在理论创新、技术创新、应用方法创新等方面的快速发展,推动工业工程在多产业、多领域中广泛应用,全面提高产业效率和国际竞争力。

1.2 工业工程人才课程体系

1.2.1 工业工程专业的培养目标和知识体系

从工业工程的定义可知,工业工程是工程技术与管理技术相结合的综合性工程学科,是一门应用性很强的系统工程技术。因此,工业工程技术人员不仅需要理论知识,更需要实践技能,能够从工程系统的整体出发,改善系统的结构和运行机制,获得最佳的整体效益。在我国,工业工程技术应用相对较晚,国家和企业逐渐认识到工业工程在现代社会的重要性,并在多所高校设置了工业工程专业,加快工业工程专业人才的培养。近几年,新市场、新需求、新技术、新知识、新产品和新思维不断涌现,社会经济环境发生了巨大的变化,对工业工程专业人才培养也提出了新的要求。为了适应国家发展对工业工程专业人才的要求,全面贯彻落实《国家中长期教育改革和发展规划纲要(2001—2020年)》,遵循教育部《关于全面提高高等教育质量的若干意见》的要求,教育部高等学校工业工程类专业教学指导委员会系统分析了我国工业工程专业人才需求和培养现状,推动工业工程类专业的教学改革,为提高人才培养质量,满足社会发展需求,提出了《工业工程类专业教学质量国家标准》。该标准指出,工业工程类专业是培养具有系统管理思想、较高的管理科学和工程科学素质,掌握坚实的自然科学、社会科学基础理论、工程技术与管理知识,具备综合运用专业知识的能力,能够分析和解决生产与服务系统中有关效率、质量、成本及人机环境等工程管理问题,具备职业道德、创新意识和国际视野,满足国家建设和社会发展需要的复合型、应用型和创新型的高素质专业人才。

根据《工业工程类专业教学质量国家标准》的基本要求,工业工程专业人才应具备的基本知识和技能主要包含以下五个方面。

1. 基本素质要求

德、智、体全面发展,具备良好的政治思想素质和正确的世界观、人生观和价值观;高度的社会责任感、诚信意识和诚实的职业道德;较高的人文、科学与技术素养;健康的心理和体魄。

2. 基础科学知识

掌握数学、力学等自然科学,经济学、管理学、运筹学、统计学等管理科学,语言、人文艺术和社会科学等学科的理论、知识和方法;具备相关工程专业领域的技术基础知识和专业基础技术知识。

3. 工业工程基本理论与专业技术

掌握工业工程专业基础理论,工业工程专业领域内的专业知识与方法。掌握计算机技术、仿真技术、信息处理技术、文献检索等先进技术,具备使用工业工程相关专业软件和硬件工具的能力。

4. 工程应用与创新能力

具备综合应用工业工程相关理论和方法从事科学研究、科技开发的能力,对复杂生产系统、服务系统进行分析、规划、设计、改善、管理和运作的能力。了解学科前沿技术和发展趋势,善于发现问题,具备独立思考和敢于创新的科学思维能力。

5. 国际视野与行业法律法规意识

具备良好的语言沟通与组织协调能力,开阔的国际视野。了解与本专业相关的法律法规,熟悉环境保护和可持续发展等方面的方针、政策和法规。

在国家人才培养标准指导下,我国许多高校根据工业工程技术人才培养的基本要求,结合本校专业背景和专业特色,制定了详细的人才培养计划,作为学生培养的教学文件,对学生进行系统的知识与技术技能训练,实现工业工程人才培养的目的。

1.2.2 工业工程专业人才培养课程体系

人才培养课程体系是高等学校教学的核心文件,体现了整体人才培养的基本要求和内涵,培养计划的课程设置围绕着培养目标进行。目前,国内大多数高校工业工程专业人才培养计划的课程体系框架如图 1-3 所示,课程体系主要由通识教育课程、学科基础课程、专业基础课程、专业核心课程、专业选修课程、通识教育实践、学科基础实践、专业实践、创新项目、课程设计和毕业设计等部分组成。该课程体系框架清晰地给出了各阶段理论教学与实践教学的关系,体现出实践教学在整个人才培养中的重要作用。

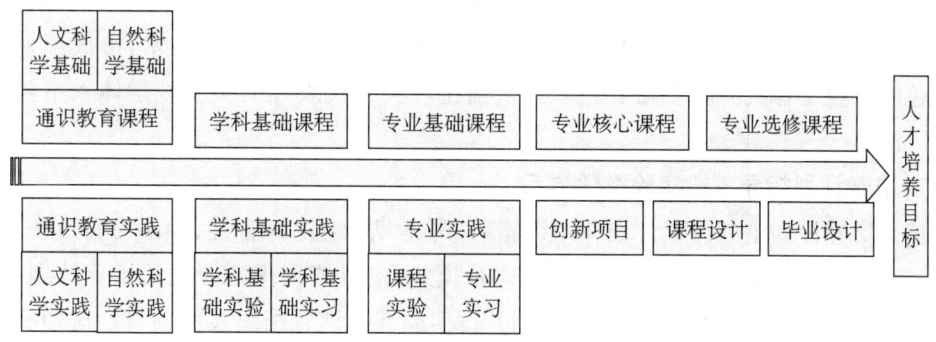

图 1-3 工业工程专业培养计划课程体系框架

该课程体系框架是在分析和总结国内外几十所高校工业工程专业培养计划的基础上得出的,基本体现了国内主流工业工程专业的培养计划体系。国内各高校都有与其类似的培养计划课程体系,只是部分课程分类的名称可能会略有不同。由于各高校专业背景不同,人才培养的目标不同,这种差异主要体现在框架内各类型课程的具体设置上,以突出不同专业背景下人才培养的特色。

1.3 工业工程专业实验教学体系

1.3.1 工业工程专业实验教学体系现状

实验教学是巩固理论知识,培养学生解决工程实际问题的重要环节,对培养学生创新能力和创新精神起着理论教学不可替代的作用,是实现实践能力培养目标的重要保障。

在工业工程专业建设初期,国内高校在机械工程学院和管理学院均设置了工业工程专业,两类学院的理论课程和实验课程基本采用国外传统的工业工程知识体系,实验课程内容区别不明显。随着社会需求的不断发展,智能制造成为国家发展的重点,制造业对科学规划、高效管理、个性化生产的要求越来越高,工程类学院和管理类学院工业工程专业的人才培养重点发生了很大的变化,工业工程专业的工程系统管理属性更加明显,因此,对工业工程人才的培养也提出了新的要求。

为适应现代社会发展对工程技术人才的需求,国家推出高校实验教学示范中心的建设政策,并在《教育部关于开展高等学校实验教学示范中心建设和评审工作的通知》中对实验教学体系给出了指导性意见。该通知明确指出,先进的实验教学体系应当"从人才培养体系整体出发,建立以能力培养为主线,分层次、多模块、相互衔接的科学系统的实验教学体系",强调了人才培养体系的整体性与系统性,以及以能力培养为核心的基本思想,遵循国家高校实践教学的基本思想。为了适应现代社会对工业工程人才需求的要求,国内学者从不同的角度、针对不同层次的培养对象,对工业工程的实践教学体系进行了研究和修改,优化现有的实验教学体系,完善教学内容,提高实验技术,形成了具有不同特色的工业工程实验教学培养体系。目前比较具有代表性的实验教学体系主要归纳为以下四类。

1. 培养计划指导下的实验教学体系

按照培养计划中的课程计划和知识体系,构建"基础性、综合性、创新与实践性"三个知识层面的实验教学体系。该实验教学体系模式,主要依据理论课程的培养计划,配合理论课程的教学节点和教学进度,分学期开设实验或分课程组织实验项目。这种实验教学体系相对比较成熟,可以较好地巩固所学的理论知识,针对性地培养学生基本的工程应用能力。

2. "点—线—面"逐步强化的实验教学体系

"点—线—面"模式的实验教学体系是根据理论课程的知识点组织实验教学,通过实验设备的整合使用和实验内容的交叉,建立各知识点之间的关联关系,从而形成知识系统。通过实验项目感知理论知识在企业实际生产过程中的具体作用,实现知识从理论到实验,再到工程实践的学习应用过程。这种实验教学体系可以帮助学生较好地建立知识系统,在实验室虚拟的生产环境中感知理论知识在工程中的应用。

3. "三层协同递进式"的实验教学体系

该实验教学体系是以工业工程实践教学过程中的知识结构体系为基础,以社会需求作为构建实验教学体系的基本准则,构建"校内强化—校校合作—校企拓展"模式下,由校内到校外实践性质逐渐递进的实验教学体系,实现校内实验、校校合作实验到企业训练基地实验三个层次,由理论到实践的知识转换与应用,强化学生工程实践能力的系统培养。

4. 多方向、多类别、多模块和多层次的实验教学体系

综合实验内容与手段、类型与方式,构建多方向、多类别、多模块和多层次的实验教学体系。多方向主要是面向不同领域,如加工制造、产业服务、绿色供应链等;多类别针对课程系统中的多种工程技术,如设计与改善类技术、分析与决策类技术、过程控制类技术;多模块体现工程技术的功能特性,如效率与人因工程、生产及制造系统工程、现代经营工程和工业系统工程;多层次考虑学生的认知过程,如认知型实验、综合型实验和设计型实验等。

上述四类实验教学体系以不同的知识组织方式,实现实验教学培养学生实践能力的目的。在传统实验教学模式基础上发展起来的不同实验教学模式,在工业工程人才培养中取得了较好的效果。通过分析上述实验教学体系,本书提出以工程学科为背景,构建一种"工程应用—理论教学—实验教学"三位一体的模块化实验教学课程体系模式,将理论教学、实验教学、工程应用三者通过知识点有机结合起来,帮助学生树立工程系统的理念,培养学生解决系统工程问题的能力,体现工业工程系统工程的特色以及应用性强的专业特色。

1.3.2 工业工程模块化实验教学课程体系结构

工业工程模块化实验教学课程体系的基本思想是以工业工程专业人才的社会需求为培养目标,以工业工程学科人才培养计划为依据,从工程系统学的高度将工程应用、理论培养计划和实验教学体系三者有机结合,形成从工程应用层、理论课程层到实验教学课程层的模块化实验教学课程体系。

模块化实验教学课程体系体现工业工程模块化实验教学的基本思想,注重系统工程学理念的建立,根据工业工程在企业生产经营过程中的 IE 活动,系统组织知识内容,综合利用实验设备,从而构建"工程应用—理论教学—实验教学"三位一体的实验教学课程体系。该体系的总体结构如图 1-4 所示。

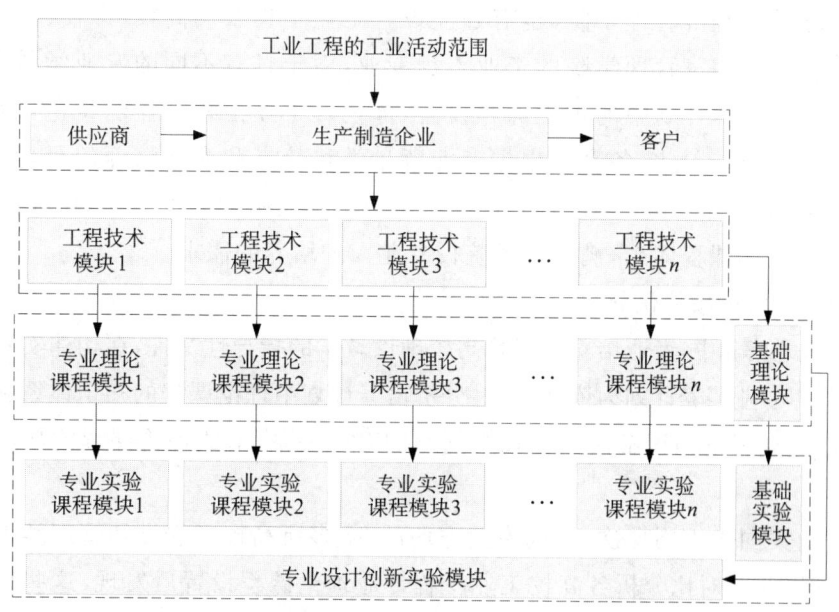

图 1-4　工业工程模块化实验教学课程体系结构

该体系以高校工业工程专业人才培养计划为基础,依照工业工程在企业生产经营过程中的活动范围,将 IE 活动所涉及的工程技术问题进行归类。根据 IE 技术问题的归类,按照理论知识的技术功能,划分为解决相关技术问题的理论课程模块,通过工程技术问题建立起公共基础理论、专业基础理论和专业知识的内在关系,形成以工程应用为驱动的"工程应用—理论教学—实验教学"三位一体化实验教学课程体系结构。

1.3.3 工业工程模块化实验教学课程体系

1. 工业工程专业的工程技术问题

图 1-4 中给出的以工程应用为驱动的三位一体化实验教学课程体系结构,能较好地将工程应用、理论教学和实验教学三者有机结合,使学生从开始进入实验环节时,就能够树立系统工程的概念,从系统工程的高度去理解工业工程学科解决工程问题的理念。

工业工程在工业企业生产经营过程中的活动范围涵盖了生产制造业主体、前端供应商、后端营销和客户,IE 活动的作用是从工程系统学的角度,解决其活动范围内的系统规划、设计、计划、控制、分析与评价、改进与创新等问题,达到提高效率、稳定质量和降低成本等目的。IE 活动全过程中所涉及的工程技术问题一般可归结为六大类,即供应链类问题、规划与设计类问题、工效学类问题、管理与控制类问题、分析与评价类问题以及营销与客户管理类问题。它们构成了工业工程学科解决工程活动中的共性技术问题,是一种相对比较通用的技术分类方法。国内高校工业工程专业主要设置在机械工程学院和经济管理学院,也有独立设置工业工程系的高校,即使同样设置在机械工程学院或经济管理学院的工业工程专业,由于具有不同的专业学科背景,各高校一般通过培养计划中的理论课程设置,体现其工业工程专业的特色,满足学科人才培养的需要。因此,各高校根据专业背景学科特点和人才培养的目标,归纳体现学科背景 IE 技术问题,调整或细分图 1-4 中工程技术问题的分类,形成体现专业特色的实验教学课程体系,满足各类院校专业人才培养的需求。

2. 理论课程的模块化分类

高校人才培养中,专业培养计划是高校理论教学的指导性文件,在构建实验教学课程体系时,以专业培养计划为依据,通过分析培养计划中理论课程的知识体系和理论课程的性质,建立理论知识解决工程技术问题的对应关系,形成理论课程的功能模块化分类。

通过收集国内不同层次、不同专业方向的 30 多所高校工程类和管理类工业工程专业培养计划,并对比分析各高校工业工程专业理论课程设置后发现,这些高校课程设置大致相同,略有差异。主要分为基础理论课、专业基础课和专业课三大类,差异主要体现在技术专业课程设置方面,这主要与各高校专业特点有关。参考同济大学工业工程专业人才培养计划,根据图 1-4 给出的实验教学课程体系结构,我们将理论课程按照解决相关技术问题进行了模块化归类,形成与工程技术问题相对应的理论课程模块,如表 1-1 所示。

表 1-1 理论课程模块化归类

课程类别	课程名称	
公共基础课	1. 工程力学 2. 现代工程制图 3. 机械设计基础 4. 工程材料与测量技术	5. 机械制造技术基础 6. 先进制造系统 7. 电子电工学 8. 数据库基础及应用
专业基础课	1. 运筹学 2. 管理学 3. 工程经济学	4. 系统工程 5. 基础工业工程
供应链类	1. 供应链管理	2. 物流工程与管理
规划与设计类	1. 设施规划与物流分析 2. 仓储系统设计	3. 建模与系统仿真
工效学类	1. 人因工程	2. 基础工业工程
管理与控制类	1. 生产计划与控制 2. 项目管理	3. 质量管理与可靠性 4. 管理信息系统
分析与评价类	1. 质量管理与可靠性 2. 可靠性与设备管理	3. 安全工程
营销与客户管理类	1. 市场营销	2. 服务工程

表 1-1 给出的理论课程设置和分类具有通用性，不同院校可以根据各自的培养计划进行归类调整，替换和增减各类中的理论课程，形成具有人才培养特色的模块化理论课程体系，作为构建模块化实验教学课程体系的依据。

3. 工程应用与教学一体化实验课程体系

实验教学依附于理论教学，根据模块化实验教学课程体系的基本思想，理论课程模块应设置与之相关的实验课程模块，用于巩固该理论模块的知识点，训练理论知识的工程应用能力。同时，在各实验模块基本能力训练的基础上，可设置专业设计创新类实验模块，用于综合应用能力的培养，从而形成如图 1-5 所示的工程应用与教学一体化实验课程体系。

该实验课程体系的实验项目层由三大类实验模块组成：

（1）与基础类课程对应的基础类实验模块。

（2）理论课程层中除基础类课程外的其他课程均为专业技术课程，与之对应的实验模块统称为专业技术类实验模块。

（3）综合应用基础类课程和专业技术课程知识的专业设计创新类实验模块。

该实验课程体系中的实验项目类型主要包含认知型实验、应用型实验、验证型实验、综合型实验、设计型实验和创新型实验等多种类型。

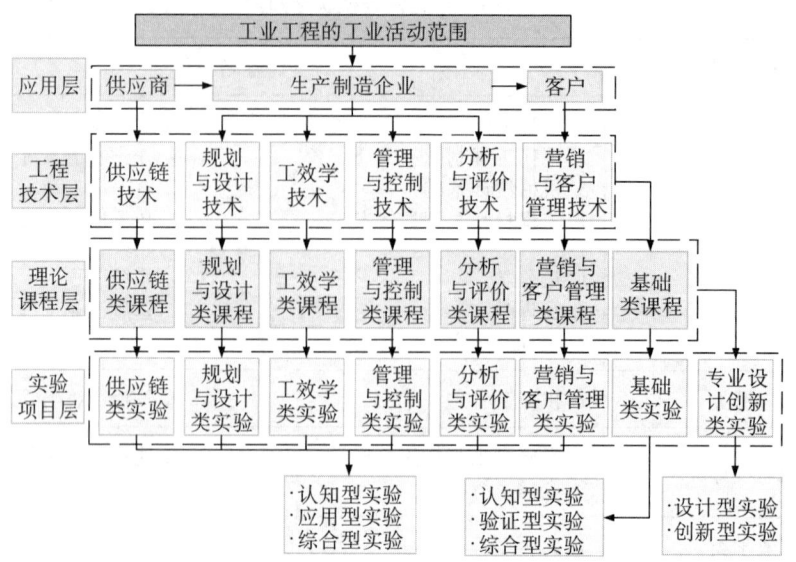

图1-5 工程应用与教学一体化实验课程体系

该实验课程体系的总学时由培养计划确定。各类实验模块的学时分配,一般根据其对应的理论课程教学计划确定,必要时可以在不改变总学时的前提下,在各实验模块间进行增减。模块内的实验学时按照理论课程知识点进行分配,应结合教学大纲,根据知识点在工程技术问题中的重要性和应用范围,规划设计实验内容,确定实验项目的类型和实验项目的数量。三大类实验模块中的实验项目类型建议按以下原则确定。

1) 基础类实验模块

基础类实验模块包括公共基础实验模块和专业基础实验模块。公共基础实验模块是对工科学生进行工程基础技能的培养,主要是为了巩固公共基础理论课程的知识和工程认知,教学重点在工程认知上,如零件公差类型、齿轮传动特性等。实验项目以认知型和验证型实验项目为主,选择性开设综合型实验项目。专业基础实验模块以巩固专业基础知识和培养基本工程应用能力为目的,教学重点在于基础知识的工程应用,为专业实验奠定基础,实验项目设置与公共基础实验模块类似,以专业认知型和验证型实验项目为主,选择性开设综合型实验项目。

2) 专业技术类实验模块

专业技术类实验模块由供应链类实验、规划与设计类实验、工效学类实验、管理与控制类实验、分析与评价类实验和营销与客户管理类实验六个实验模块组成。专业技术类实验模块围绕工程技术问题展开,以巩固专业知识和培养专业技术方法的工程应用能力为目的,教学重点在于训练专业技术知识的应用,掌握专业技术在工程中的应用方法,设置认知型实验、应用型实验和综合型实验项目。

认知型实验的主要目的是了解专业技术在工程中的应用,应用型实验的目的是学习专业理论和技术的工程应用方法,综合型实验的目的是使学生系统地了解此类工程技术问题的求解过程、相关技术、方法和手段,培养综合解决此类工程技术问题的能力。例如规划与设计类实验模块的实验项目设计,在学生掌握了公共基础实验和专业基础实验的基本知识和应用技能的基础上,围绕解决生产系统的规划与设计类的工程技术问题,设置分析与验证类和综合设计类两大综合型实验项目。分析与验证类实验针对给定的工程问题案例,应用设施规划、物流分析及管理以及系统仿真等课程的知识对案例进行分析,用仿真工具或实验设备对案例进行验证和优化改进,从而巩固理论知识、认识理论知识的工程应用方法;综合设计类实验项目以虚拟的或真实的设施规划问题为研究对象,应用基础理论和专业技术知识,设计设施规划的方案,并用系统仿真和实验系统对设计方案进行具体实施和循环优化,使学生系统地了解此类工程技术问题的求解流程、相关技术、方法和手段,实现综合实验教学的目的。

3）专业设计创新类实验模块

专业设计创新类实验模块均为设计型和创新型实验项目,该实验模块的重点在于使学生树立工程系统的理念,引导学生进行创新思维,学会综合应用专业知识和实验技术的方法,培养学生系统解决工程实际问题的能力和创新能力。

该实验模块的设计型与创新型实验项目,以工程实际问题为案例,综合应用基础理论知识、专业基础知识和专业技术,以及各种实验设备、仿真软件和分析计算软件等进行实验,实验具有一定的研究性,有助于高年级学生实际工作能力和综合素质的培养。

在实际应用中,各实验模块的专业技术可能会相互交叉。例如,供应链类实验中的"物流与供应链"课程的物流技术问题,在规划与设计类实验、工效学类实验中均有涉及；供应链类、规划与设计类和管理与控制类等实验都会用到建模与系统仿真技术以及仿真软件工具等。因此,在多个实验模块中会设置类似的实验项目。在不同的实验模块中,相同技术具体所关注的重点和对象不同,实验教学的重点和内容会有所不同,故,理论课程模块化分类不是绝对的。模块间的技术问题具有相互关联性,一般以体现专业特色为优先原则,对共性技术类课程进行模块化归类,在模块化实验内容的组织和实验项目的设计上融入该模块课程的相关知识,突出本模块的知识重点,形成综合性的设计型和创新型实验项目。

本书实验内容的组织与项目的编写,以生产制造业为工业工程的专业背景,以现代制造业生产过程中相关的专业技能训练为重点,实验形式以实验室实际操作类实验为主,软件计算和仿真实验为辅,构建真实实验设备的动手操作类实验、工程软件的虚拟类实验、计算机分析和计算类实验、软件仿真设计类实验等多种实验形式相结合的实验课程体系,力求实验中解决技术问题的过程贴近实际工程应用问题的解决过程,以培养学生解决工程实际问题的能力。

本书各实验模块中的实验项目，主要以实验室内动手操作为主，其中包含少数计算机仿真类实验项目。本书未覆盖理论课程教学大纲要求的全部知识点，如计算机和工程软件的使用，这些知识点的实验可以用仿真实验软件实现，建议以理论课程大作业的形式，补充到实验课程体系中，以完善整个实验课程体系的内容。

第 2 部分

工业工程专业实验

第 2 章　工业工程专业基础类实验

工业工程专业基础类实验以工科大类学科中的工业工程专业为学科背景,主要围绕运筹学、基础工业工程和系统仿真基础三门课程的知识点设计实验项目。

运筹学课程主要知识点有:线性规划的原理及方法、对偶理论、运输问题、整数规划及 0-1 规划、目标规划、图与网络分析、动态规划等内容。

基础工业工程课程主要知识点有:方法研究中的程序分析、作业分析、动作分析的经典内容,作业测定中的秒表测试工作抽样、预定时间测定等内容。

系统仿真基础课程主要知识点有:仿真软件的工作原理、仿真项目过程、概念模型与仿真模型构建、仿真数据及处理、仿真结果分析、模型验证等。

2.1　生产计划实验

1. 实验目的与要求

(1) 熟悉常见线性规划问题的分类及建模方法。

(2) 学会将工程问题转化为线性规划问题的分析方法。

(3) 熟悉 Excel 软件的常用功能,掌握 Excel 软件求解线性规划问题的方法和步骤。

(4) 了解线性规划中灵敏度的概念。

(5) 掌握 Excel 软件对线性规划模型进行灵敏度分析的方法,会分析各变量对优化方案的影响。

2. 实验原理

Excel 软件是一种常用的计算机软件,Excel 软件中有"规划求解"工具,可以求解最多 200 多个变量、600 多个约束条件的规划问题。

利用 Excel 软件进行规划问题求解时,通过将实际问题中的工艺参数、价值系数、资源系数等作为输入数据,根据实际问题定义变量及变量个数,并将实际要解决的问题及限制条件转化为数学表达式,作为规划问题的目标函数及约束条件,最后利用软件中的"规划求解"工具进行求解,获得实际问题的优化结果。

3. 实验设备

(1) 计算机。

(2) Excel 软件。

(3) 实验任务书。

4. 实验准备及实验组织

实验前,需要预习实验中所涉及的运筹学中有关线性规划的原理、建模方法等相关知识,熟悉 Excel 软件的基本使用方法。本实验共需 2 学时,一次完成。实验每次 8 人,每人一组进行。

5. 实验内容及实验步骤

本实验解决某柴油机厂年度产品生产计划的优化问题。某柴油机厂主要生产中小功率的柴油机,主要产品有 2105 柴油机、X2105 柴油机、X4105 柴油机、X4110 柴油机、X6105 柴油机和 X6110 柴油机,产品市场占有率大,覆盖面广。柴油机的生产过程主要分为三步:热处理、机加工和总装。与产品生产有关的主要因素有单位产品的产值、生产能力、原材料供应量及生产需求情况等,各主要因素的详细资料见附录 1。根据以上资料,制订生产总值最大的产品生产计划。具体实验步骤如下。

(1) 加载"规划求解"模块。

"规划求解"加载宏是 Excel 软件的一个可选安装模块,以 Excel 2016 版为例,打开 Excel 软件的"数据"功能区,找到菜单选项中的"规划求解"工具,如图 2-1 所示。单击"规划求解"工具,得到如图 2-2 所示的"规划求解参数"对话框。

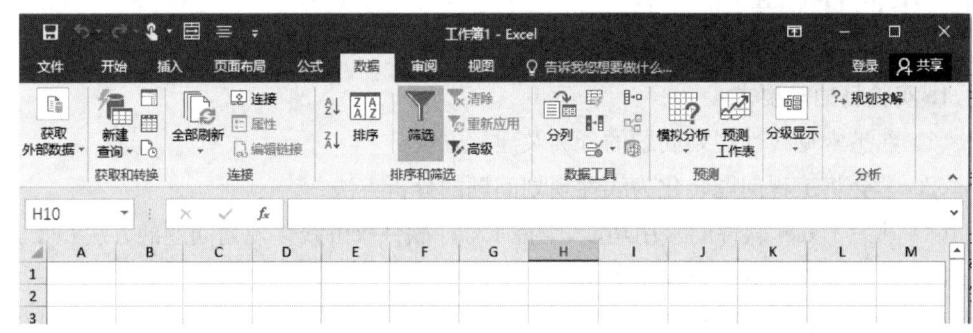

图 2-1 "规划求解"工具

如果"数据"功能区中没有"规划求解"工具,加载步骤如下:

① 在 Excel 主界面左上角的"文件"菜单中,单击"Excel 选项"按钮,弹出"Excel 选项"对话框,如图 2-3 所示,单击"加载项"选项。

② 在"加载项"对话框中的"管理"下拉菜单中,选择"Excel 加载项",然后再单击其右边的"转到"按钮,这时会弹出"加载宏"对话框,如图 2-3 右侧所示。

③ 勾选"规划求解加载项"复选框,再单击"确定"按钮,"规划求解"工具加载完成,这时在"数据"功能区中就会出现如图 2-1 所示的"规划求解"工具。

(2) 熟悉"规划求解"工具的参数选择及求解过程。

在图 2-2 所示的"规划求解参数"对话框中,设置目标、通过更改可变单元格及遵守约束等,参数的含义见表 2-1。

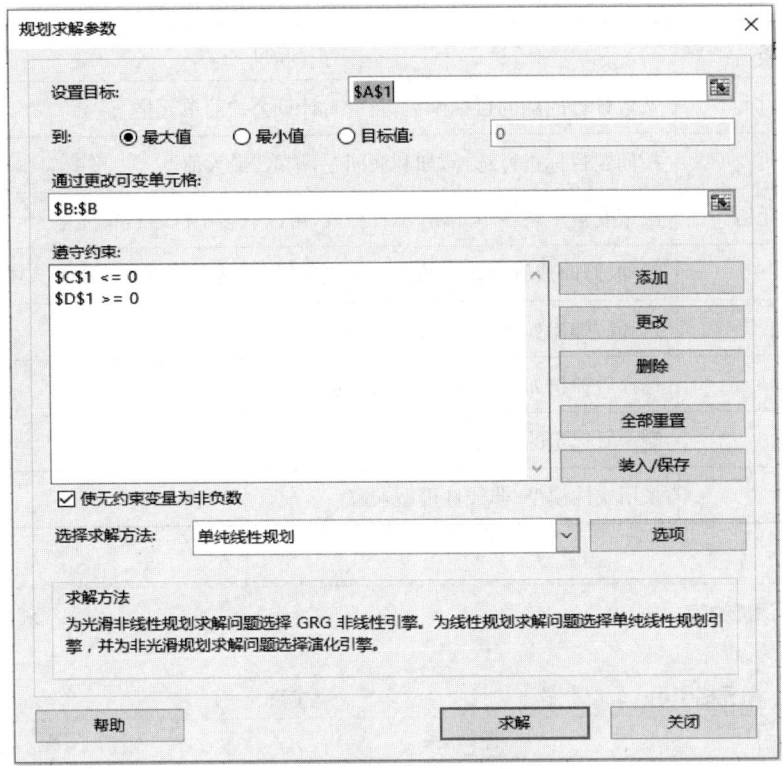

图 2-2 "规划求解参数"对话框

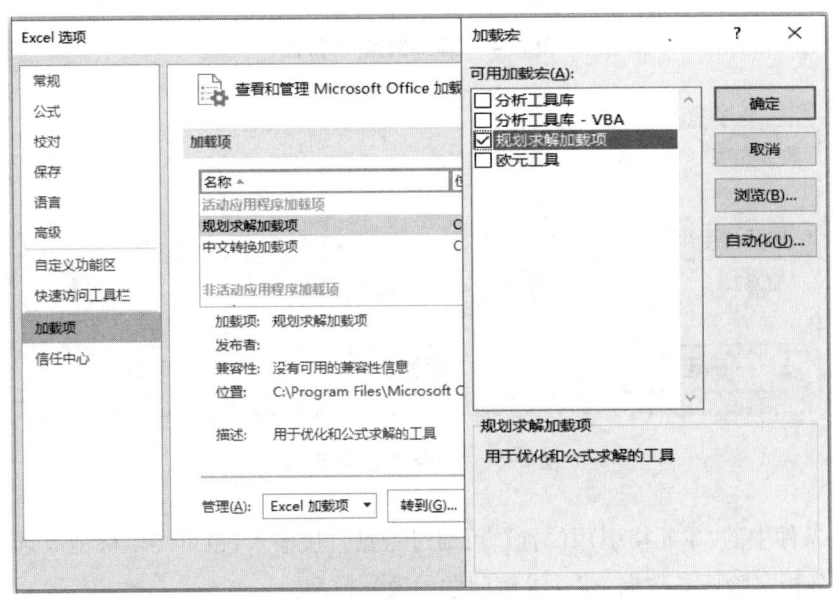

图 2-3 "规划求解"工具的"加载宏"对话框

表 2-1 "规划求解参数"对话框选项

选项名	说明
设置目标	选取计算问题的目标函数,及含有计算公式的单元格
等于	按问题目标进行选择,如利润问题,选取"最大值"
可变单元格	决策变量所在各单元格,不含公式,可以有多个区域或单元格
约束	增加、修改或删除各个约束等式或不等式,逐个在图 2-4 中填入或修改
添加	选择后弹出如图 2-4 所示对话框
更改	选择后弹出如图 2-5 所示对话框
删除	删除所选定的约束条件
选项	采用线性模型/非线性模型求解

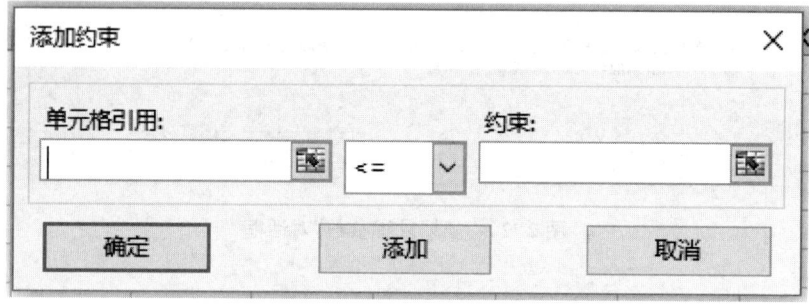

图 2-4 "添加约束"对话框

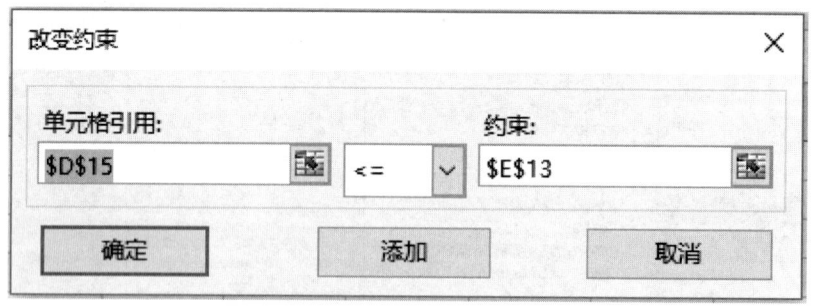

图 2-5 "改变约束"对话框

约束条件中的"单元格引用位置",可通过键盘直接输入,也可用鼠标拖放选取。

(3) 分析实验任务数据,建立求解问题的数学模型。

① 根据附录 1 给出的原始生产资料,分析生产计划资料中影响生产总值的所有因素,并用字母作为符号表示各影响因素,填入表 2-2 中。

表 2-2　生产总值影响因素统计

序号	影响因素描述	表示符号	附加说明
1			
2			
3			
4			
5			
…			

② 根据影响因素的性质和对生产总产值的影响程度,确定在制订生产计划时,需要取舍哪些影响因素,并用表 2-2 中的符号描述各影响因素,写出生产总值最大化的数学表达式。

③ 根据附录 1 给出的生产数据,用表 2-2 中的符号写出影响生产总值的约束条件方程。

④ 写出如下格式的生产总值最大化的标准化数学模型

$$f(x) \to \max$$
$$\text{s.t.} \begin{cases} f_1(x) \leqslant 0 \\ f_2(x) \leqslant 0 \\ \vdots \\ f_n(x) \leqslant 0 \end{cases} \tag{2-1}$$

需要根据实际问题,对该数学模型变量添加合理的边界约束,如 $x \geqslant 0$ 等。

(4) 在 Excel 表格中建立生产总值最大化模型。

根据本实验的规划模型和约束条件的变量数目设计单元格,建立与表 2-3 类似的 Excel 电子表格文件。

表 2-3　规划问题数据

生产总值最大化问题			
	2105 柴油机	X2105 柴油机	X4105 柴油机
热处理(工时)			
机加工(工时)			
总装(工时)			
生铁消耗(t)			
焦炭消耗(t)			
废钢消耗(t)			
钢材消耗(t)			

① 打开"规划求解"工具，根据所建立的规划问题数据表格文件，输入相应的目标单元格代号，选定最大值或最小值；在"可变单元格"中输入影响因素对应的单元格代号。

② 单击图 2-2 中的"添加"按钮，出现如图 2-4 所示的对话框，按照对话框的说明，在相应的对话框中输入约束表达式的单元格代号、约束符号类型以及约束值。重复步骤②，完成公式(2-1)中的所有约束条件的添加。

③ 单击"确定"按钮，返回"规划求解参数"对话框。根据求解问题的数学模型，选择求解方法，并勾选"使无约束变量为非负数"复选框。单击右侧"选项"按钮，在弹出的"选项"对话框(图 2-6)中，确定约束精确度、迭代次数等参数值，单击"确定"按钮，生产总值最大化模型的创建完成，如图 2-7 所示。

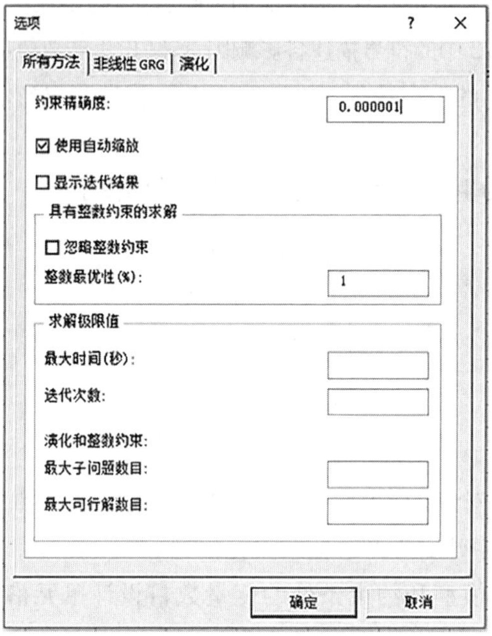

图 2-6 "选项"对话框

图 2-7 "规划求解结果"对话框

不同版本的 Excel 软件，"规划求解"工具的加载和启动位置可能会有所不同，显示的对话框也会有所不同，可查阅所用版本的帮助菜单确定相关加载方法和启动位置。

（5）生产总值最大化求解。

图 2-7 所示的"规划求解结果"对话框同时给出了问题的求解结果，显示"规划求解找到一解，可满足所有的约束及最优状况。"单击"保留规划求解的解"单选按钮，可以得到求解问题的求解结果，如图 2-8 所示，该求解报告同时包含运算结果报告、敏感性报告和极限值报告。

图 2-8　规划求解结果

（6）保存规划模型和求解结果。

6. 实验分析及实验报告

（1）在实验报告中简述实验内容，列出主要实验设备和实验步骤。

（2）写出生产总值最大化的标准数学模型，并写出各变量的取值范围。

（3）在实验报告中列出实验过程中的中间结果。

（4）对图 2-8 的求解结果进行灵敏度分析。

（5）完成实验指导书中的思考题。

（6）简要写出实验心得及实验改进建议。

7. 思考题

（1）根据获得的生产总值最大的产品生产计划结果，分析哪些工序的工时有节余，节余多少？哪些资源有节余，节余多少？

（2）如果想提高产品产量，应该提高哪些工序的生产能力，增加哪些原材料的采购量?

(3) 假如总装的生产能力从原有的 180 000 工时提高到 320 000 工时,其他条件不变,此时,生产总值提高了多少?产品生产计划是什么?

(4) 如果钢材的最大供应量从原有的 350 t 提高到 400 t,其他条件不变,生产总值提高了多少?产品生产计划是什么?

8. 问题和建议

写出本实验遇到的问题,实验完成后有哪些收获,对本实验有什么意见和进一步改进的建议。

2.2 最短路径规划实验

1. 实验目的与要求

(1) 熟悉常见线性规划问题的分类及建模方法。

(2) 理解物流路径问题的相关概念。

(3) 掌握最短路径问题的建模方法和步骤。

(4) 学会将工程问题转化为线性规划问题的分析方法。

(5) 会用一种计算机编程语言求解最短路径规划问题。

2. 实验原理

最短路径问题是运筹学网络理论中应用最广泛的问题,在一个网络上求解两个节点之间的最短路径,许多工程中的路径问题和最小费用问题都可以归于这类问题。

物流是指物品从供应地向接收地的实体流动过程,产品全寿命周期中的物流有供应物流、生产物流、销售物流、回收物流、废弃物物流等。运输是物流过程的主要职能之一,物流过程中的其他各项活动,如存储、搬运、包装、流通加工、配送等都是围绕着运输而进行的,科学规划运输路径、缩减运输路线的长度,可以有效降低运输费用。

最短路径问题是把网络中的两个节点分别看作始点和终点,网络边长权重广义上的距离,每边的容量取为 1,求取一个从始点到终点量为 1 的路径规划方法,从众多的路径中找到一条权重最小的线路,线路的各边组成最短路径。

3. 实验设备

(1) 计算机。

(2) 编程软件。

(3) 实验任务书。

4. 实验准备及实验组织

(1) 实验前,需要预习实验中涉及的运筹学相关基础理论,如常用最短路径建模及求解方法。

(2) 选取实验要使用的编程语言和相关求解软件。

(3) 熟悉所选编程语言及相关软件的使用方法。

(4) 本实验共需 4 学时,一次完成。实验以每人一组进行。

5. 实验内容及实验步骤

根据校园平面图,按比例绘制不少于 8 个学院的网络图。网络图中的节点表示学校内各学院,存放学院的名称及介绍信息等;网络图的边表示往来学院间的路径,存放路径的长度信息。规划从本学院到直线距离最远的学院的最短路径。具体实验步骤如下。

(1) 绘制校园网络平面图。

根据学校的平面布置图,按图中的长度比例,绘制校园网络图,用字母表示各节点和边,形成标准网络图。

(2) 建立网络图信息。

建立网络图各节点符号与学院的对应关系、各边长符号表示的长度单位,在各节点简要标注学院信息、在边长上标注长度信息,并将节点信息和长度信息写成计算机可读取的数据文件。数据文件的格式根据各自所选取的求解软件要求确定。

(3) 设计规划任务,建立求解模型。

选择目的地学院节点,分析网络图的特征,选用相关的路径规划方法,画出路径求解的流程图,建立路径求解数学模型。

(4) 最短路径求解。

使用所选编程语言,编写步骤(2)描述的数学问题的求解程序。分析求解问题的特征,选择适当的求解模块。以图形的方式输出求解结果。

6. 实验分析及实验报告

(1) 在实验报告中简述实验内容,列出主要实验设备和实验步骤。

(2) 在实验报告中列出实验所用的编程语言及相关软件名称。

(3) 绘制实验所用的校园网络图,编制各学院信息表及路径距离表。

(4) 详细描述最短路径的求解过程,用图形表示从始点到终点的路径,并计算路径长度。

(5) 完成实验指导书中的思考题。

(6) 简要写出实验心得及实验改进建议。

7. 思考题

(1) 常用的最短路径求解方法有哪几种?如何选取?

(2) 广义距离的含义是什么?一般可以代表哪些量?

(3) 最短路径问题是否一定为整数规划问题?是否可以用松弛问题规划求解方法?

(4) 收集同学的求解结果,不同的软件对求解结果和求解效率是否有影响?

8. 问题和建议

写出本实验遇到的问题,实验完成后有哪些收获,对本实验有什么意见和进一步改进的建议。

2.3 方法研究——工艺程序分析实验

1. 实验目的与要求

(1) 掌握方法研究中的程序分析方法的基本原理和使用方法。

(2) 学会用程序分析的方法分析产品生产流程,掌握程序分析图的绘制方法,能够正确使用程序分析符号记录并绘制产品生产过程的工艺程序图。

(3) 学会用"5W1H"分析法(附录 2 附表 2-2)发掘问题,用"ECRS"原则(附录 2 附表 2-3)对产品生产流程进行优化改进。

2. 实验原理

方法研究是工作研究的重要组成部分之一,方法研究与作业测定研究构成工作研究的两大基础技术。方法研究主要包括程序分析、操作分析和动作分析等技术,是优化工作流程、降低工人劳动强度、提高生产效率和效益的有效技术手段。

(1) 程序分析。

程序分析是从宏观的角度出发,对整个生产过程进行全面的观察记录和整体分析。程序分析主要包括流程程序分析、工艺程序分析等。

流程程序分析是程序分析中最基本、最重要的分析技术。它是以产品或零件的加工全过程为对象,运用程序分析技巧对整个流程程序中的操作、搬运、贮存、检验和暂存五个方面加以记录、考查和分析。流程程序分析是对生产现场的宏观分析,运用"5W1H"分析法发掘问题,用"ECRS"原则对生产流程程序和空间配置进行优化和改进,设计出经济合理而有效的工艺方法、工艺程序和空间配置。

工艺程序分析主要研究操作和保证操作效果的检验两种主要动作,工艺程序图给出了工艺程序的顺序,明确表示各工序间的工艺关系及时间关系。

本书重点介绍工艺程序分析。

(2) 工艺程序图的绘制方法。

第一步,将研究对象分解成较小的单元,比如将产品分解成零件,每一个零件从原料或者毛坯开始,将其工艺过程从上到下在一条竖线上表示出来,加工或操作用"○"表示,检验用"□"表示;第二步,分析研究对象的构成,将工艺最复杂或者零件工艺较多的过程绘制在最右,其他零件按照与之结合的顺序依次从右向左排列,如图 2-9 所示。

3. 实验设备

(1) 计算机、投影仪。

(2) 实验用产品,如减速器、柴油机喷油泵等。

(3) 实验用产品的装配工艺卡。

(4) 实验用产品装配录像资料。

(5) 装配用工具。

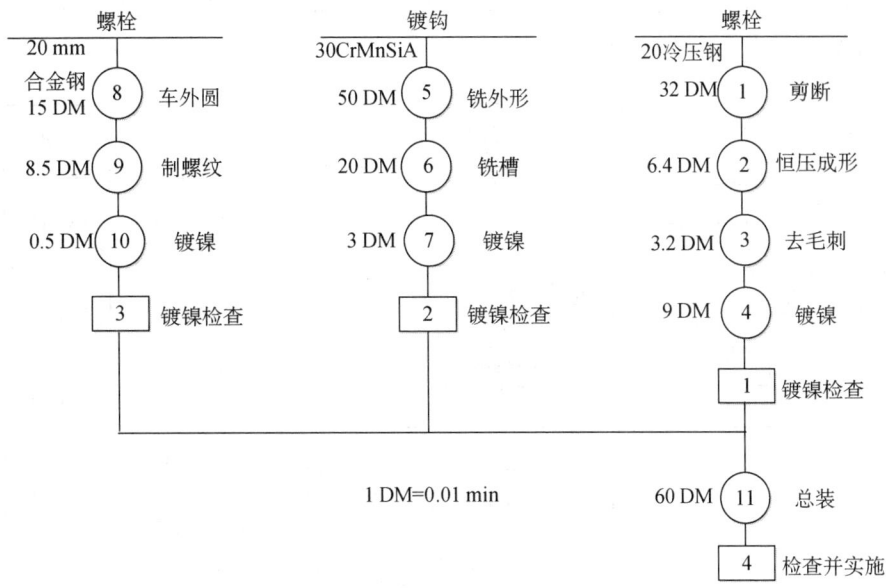

图 2-9 工艺程序图

4. 实验准备及实验组织

实验前,需要预习实验中涉及的机械原理、机械设计、基础工业工程等基础理论知识。本实验共需 4 学时,每次 2 学时,分 2 次进行。实验以 4 人一组进行。

5. 实验内容及实验步骤

工艺程序分析实验在了解实验产品功用和工作原理的基础上,熟悉实验产品的结构和组成。根据实验产品的加工或装配的工艺资料,掌握实验产品的生产工艺过程,利用工艺程序分析方法,分析并优化实验产品的装配流程程序,绘制实验产品改进前后的工艺程序图。具体实验步骤如下。

(1) 实验产品的功能与性能分析。

选定实验研究对象,运用机械基础的相关知识,对实验对象进行如下分析:

① 分析产品的结构组成,确定产品的主要功能和辅助功能。

② 对产品的性能指标进行详细描述,并确定如何对产品性能进行检验。

③ 观看实验产品装配影像资料,分析产品的装配工艺卡,了解产品的装配过程。

④ 分析影响产品功能和性能的主要装配工序,确保产品生产完成后能实现既定功能,达到一定的性能指标要求。

(2) 拆分产品,描述功能结构与装配关系。

① 根据实验产品的装配工艺卡,掌握产品的装配工艺和装配过程。

② 参考装配工艺过程和工序要求对产品进行拆装,对产品零部件进行分解,直至最底层零件或部件(对电机、线路板等功能部件一般不再做拆分),并明确各零部件的名称和数量。

③ 从装配关系的角度描述产品的结构组成,建立如图 2-10 所示的产品装配结构树,明确主要装配关系。

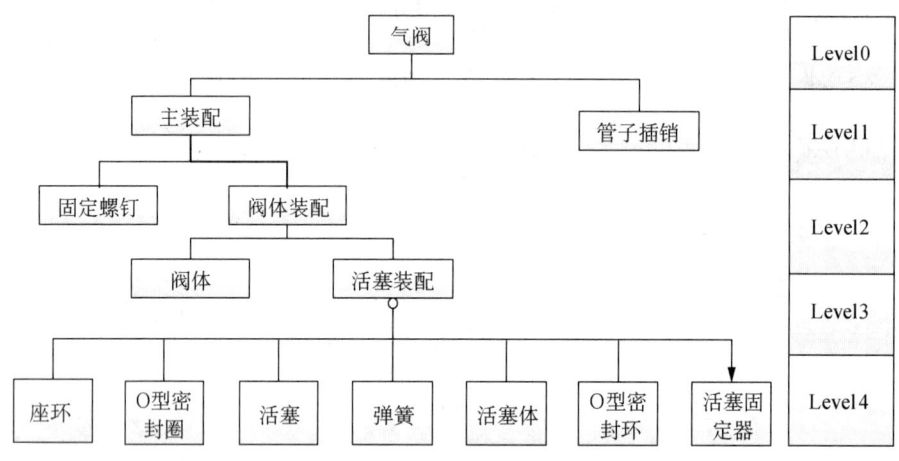

图 2-10 产品装配结构树

④ 根据产品装配结构树,将所有的零部件填入表 2-4 中,生成产品的物料清单(Bill of Materials,BOM)。

表 2-4 产品 BOM

公司			设计者	
产品名称			设计日期	
层次	零件编号	零件名称	数量	自制/外购

(3) 查阅产品的工艺文件资料,绘制原始工艺程序图。

观看装配工艺影像资料,根据产品装配工艺卡,对产品反复拆装,熟练掌握产品的装配流程和装配技术。以小组为单位进行装配作业生产,熟悉产品的装配工艺,使用程序分析的符号绘制原始工艺程序图。

(4) 用"5W1H"分析法与"ECRS"原则分析产品装配工艺流程的合理性,对原始工艺流程进行改进,形成小组的工艺流程方案。

(5) 小组间交换各自的产品工艺流程方案,并对其进行优化,确定小组最终的工艺流程方案。

(6) 以小组为单位,按照小组最终的工艺流程方案进行装配生产作业,并用影像记录产品生产全流程。

6. 实验分析及实验报告

（1）在实验报告中简述实验内容，列出主要实验设备和实验步骤。

（2）完成产品功能结构树的绘制和产品的 BOM。

（3）观看实验影像资料，绘制工艺程序图。

（4）用"5W1H"分析法与"ECRS"原则对工艺流程进行优化，绘制优化后的产品工艺程序图，并对本组优化前后的工艺程序的优劣进行对比分析。

（5）完成实验指导书中的思考题。

（6）简要写出实验心得及实验改进建议。

7. 思考题

（1）工艺程序图和流程程序图有什么区别？

（2）产品 BOM 的功用有哪些？

（3）工艺程序图有哪些功用？

（4）考虑到现代技术，尤其是人工智能技术的快速发展，在机器快速取代人的大趋势下，进行工作研究具有什么实际意义？

8. 问题和建议

写出本实验遇到的问题，实验完成后有哪些收获，对本实验有什么意见和进一步改进的建议。

2.4 方法研究——双手操作分析实验

1. 实验目的与要求

（1）掌握方法研究中操作分析的基本原理和使用方法。

（2）掌握双手操作分析图的绘制方法，能够正确理解双手操作分析图所记录的工作现状。

（3）学会用"5W1H"分析法发掘问题，用"ECRS"原则对产品生产流程中的动作进行分析、优化和改进，改善和优化工作过程中的动作。

2. 实验原理

方法研究主要包括程序分析、操作分析和动作分析等技术，其中，根据研究对象和目的的不同，操作分析技术分为人机操作分析（第 2.7 节）、联合操作分析和双手操作分析。

双手操作分析是以工艺程序中的人为研究对象，研究人在工作过程中的动作行为，应用操作分析技术，使得操作者、操作对象和操作工具三者科学组合、合理布置与安排，达到优化工序结构、减轻劳动强度、减少作业时间以及提高产品产量和质量的目的。

双手操作分析是对一名操作者所承担的作业任务进行记录和分析，主要分析操作者在工作过程中的作业动作，主要研究内容如下：

(1) 分析操作者的操作方法和步骤是否合理。

(2) 研究左右手分工是否均衡，是否存在多余动作。

(3) 运用"5W1H"分析法和"ECRS"原则，合理规划工作站的整体布局和物料的合理摆放。

(4) 通过取消、合并、重复、简化等改进双手操作方法，平衡双手操作时间，消除独臂式操作。

(5) 规范操作行为，提高作业效率。

(6) 用规定的符号和绘制规则绘制工作站的布置图。

(7) 用规定的符号和绘制规则绘制双手操作分析图，给出操作者、操作对象和操作工具间的空间关系，准确描述操作者双手的工作状态。

双手操作分析图是一种采用标准的流程图符号、基本动素的缩写或符号记录人的左右手相互关联的动作的图表，是多动作流程图的一种特殊形式，如图2-11所示。

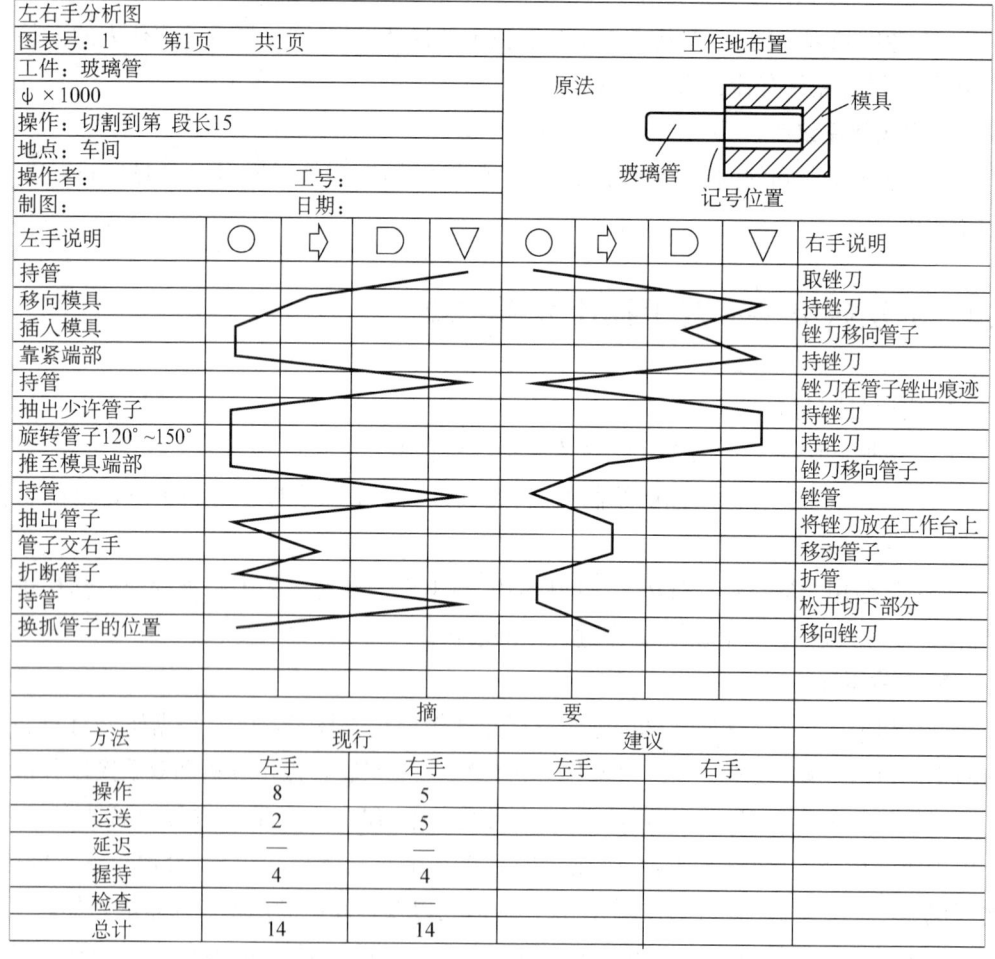

图 2-11 双手操作分析图

双手操作分析图在不同教材中的示意会有不同,使用者可以根据所选教材的规定绘制。

3. 实验设备

(1) 影像采集和存储系统。

(2) 视频播放系统。

(3) 减速器或其他产品。

(4) 产品装配录像资料。

(5) 生产流水线。

(6) 装配用工具。

4. 实验准备及实验组织

实验前,需要预习实验中所涉及的机械原理、机械设计、基础工业工程等基础理论知识。本实验共需 4 学时,每次 2 学时,分 2 次进行。实验以 8 人一组进行。

5. 实验内容及实验步骤

双手操作实验是在工艺程序分析实验的基础上进行的,需先掌握了工艺程序分析实验的内容后再开始本实验。

本实验通过分析实验对象的装配录像资料和工艺流程卡,记录完整的装配流程、工作场地布置图以及操作者双手操作过程,根据动作经济原则,采用"5W1H"分析法和"ECRS"原则对作业动作进行改进。具体实验步骤如下。

(1) 产品的功能与结构分析。

复习工艺程序分析实验中的产品结构树和零件 BOM,进一步了解实验产品的结构组成,用所学机械基础的相关知识,分析产品的结构组成,了解各零部件的名称,明确产品的主要功能和辅助功能。

(2) 了解产品的装配流程和各装配工序。

反复观看产品的装配录像资料,了解产品的装配流程和装配所需工作站个数,掌握产品的装配工艺和装配过程,了解影响产品功能和性能的主要装配工序。

(3) 熟悉工作站作业。

根据装配流程和工作站个数,确定参与生产流水线工作的人数,按工作站分配小组成员的工作内容。反复观看产品各工作站的装配工序,从操作者伸手拿起第一个装配零件进行第一个操作开始,直到完成最后一个零件的装配工作,全面掌握作业全流程各工序中操作者双手的工作内容及其配合关系。

(4) 绘制工作站作业场地布置图。

双手操作与工作场地布置、物料摆放位置以及工具的摆放都有着密切的关系。在绘制各作业工序的工作场地布置图时,首先观看录像资料,明确各工作站内零部件和装配用工具的摆放位置,作业者的工作位置及姿态,工作座椅的位置等详细信息,根据上述信息,绘制现行作业方法的工作场地布置图,明确标明零部件、工具及物料等的相对位置关系。

(5) 绘制工作站双手操作分析图。

参考图 2-11 所示的双手操作分析图,用标准的符号和绘制规则绘制装配过程的双手操作分析图。建议边看录像边记录,一次观察一只手的动作,先观察右手的动作,再观察左手。需要进行多次观察,反复补充、校核和修正,不要遗漏,确保记录准确无误。

(6) 模拟产品生产过程。

根据产品装配录像和双手操作分析图,按小组分配各工作站的作业人员,熟悉各工作站的作业过程、各种装配工具的使用方法。在生产流水线上模拟产品的生产装配流程,录制完整的装配作业过程录像。

(7) 用下述优化原则,分析双手操作分析图。

① 是否符合以下基本原则?

A. 平衡双手工作量　　　　　　　B. 增加机动时间的比例

C. 取消不必要的操作　　　　　　D. 合并操作

E. 简化每一个操作或动作

② 辅助操作能否取消?

A. 视其不必要而取消　　　　　　B. 以改变工作次序而取消

C. 使用新的或改变原来的设备而取消　　D. 改变工作地组织而取消

③ 移动能否取消?

A. 随操作取消而取消　　　　　　B. 合并

C. 改变设备　　　　　　　　　　D. 改变工作地的布置

E. 改变工作次序　　　　　　　　F. 使用传送带

④ 延迟能否取消?

A. 改变工作次序　　　　　　　　B. 改变工作地组织

C. 使用新的或改变原来的设备

⑤ 检验能否取消?

A. 这次检验是否真的需要　　　　B. 是否有别人代替检验更方便

C. 是否有不必要的重复现象　　　D. 设置的工作位置是否合适

⑥ 操作能否合并?

A. 改变工作次序

B. 使用新的或者改变原来的设备

C. 改变工作地布置

⑦ 移物能否合并?

A. 改变工作次序　　　　　　　　B. 改变工作地组织

C. 改变每次移物的数量

⑧ 延迟能否合并？

A. 改变工作次序　　　　　　　B. 改变工作地布置

⑨ 操作能否简化？

A. 使用更加合适的工具　　　　B. 改变操作位置

C. 改变器具　　　　　　　　　D. 尽量减少移动视线

E. 改变工作台(椅)的高低　　　F. 使用不同的身体部位

G. 使用夹具　　　　　　　　　H. 利用惯性

⑩ 移物能否简化？

A. 改变布置,缩短距离　　　　 B. 改变移物的方向

C. 改变生产组织,以缩短距离

(8) 改进优化作业方案,绘制改进后的双手操作分析图。

用"5W1H"分析法和"ECRS"原则在以上分析的基础上,找出存在的问题,对现行操作方法进行改进,提出改进方案,并画出改进后的双手操作分析图。

(9) 对比分析改进前后双手操作分析图,改进工作站场地的布置图。

对比分析改进前后的双手操作分析图,结合改进后的双手操作分析图,对工作站的布置进行改进,并绘制改进后的工作站布置图。

(10) 在生产线上实施改进后的作业方法。

打开生产流水线,调整流水线的速度,小组成员分工合作,在生产流水线上实施改进后的作业方法,并录制整个装配过程及各工作站的详细作业情况。

(11) 分析评价改进前后工作方法的优劣。

根据绘制的改进前后双手操作分析图和实际装配作业录像,结合经济原则和实验操作体会,评价改进前后工作方法的优劣。

6. 实验分析及实验报告

(1) 在实验报告中列出主要实验步骤,简述实验内容。

(2) 画出改进前后的双手操作分析图,并进行分析、对比和评价。

(3) 写出最后的产品装配流程,并绘制改进前后的作业场地布置图。

(4) 完成实验指导书中的思考题。

(5) 简要写出实验心得及实验改进建议。

7. 思考题

(1) 双手操作分析的主要作用有哪些？

(2) 为什么进行双手操作分析时要考虑工作场地布置情况？

(3) 作业现场的布置对方法研究都有哪些影响？

8. 问题和建议

写出本实验遇到的问题,实验完成后有哪些收获,对本实验有什么意见和进一步改进的建议。

2.5 方法研究——动作分析实验

1. 实验目的与要求

(1) 掌握方法研究中的动作分析方法的基本原理和使用方法。
(2) 掌握动作分析方法的基本原理和方法。
(3) 学会使用经济原则改善和优化作业过程中的动作。

2. 实验原理

(1) 动作分析的意义和目的

动作分析是在程序分析、操作分析的基础上,研究人体在操作时的细微动作,发现并删除作业者无效和不经济的动作,简化操作方法,寻求省力、省时、安全和经济的动作,制定标准操作方法,减轻工作疲劳,降低劳动强度,提高工作效率,为制定动作标准时间做技术准备。

(2) 动作分析的方法

动作分析方法按精确程度不同,一般分为三种:目视动作分析、动素分析和影像分析。这三种方法相互关联,工程实际中将其有机结合、综合使用。影像分析法是研究者使用摄像设备以较高的拍摄速度拍摄记录操作者的作业过程,再以正常的速度放映,从慢动作图像中对作业过程中各种操作的细微动作进行研究的一种方法,尤其适用于作业动作复杂和操作速度较快的工作场合。通过影像资料,观察操作者的作业动作,应用动作经济原则和基本动素分类技术分析作业动作的基本动素,合理分配第一类动素,合并、重排或删除第二类和第三类动素,提高操作效率,标准化操作动作。

人的动作虽然千变万化,但是构成这些动作的基本动作是有限的,这些基本动作称之为动素。按照国家标准,基本动作共分三类、18 种动素,并用规定的符号进行表示,附录 2 给出了标准动素的分类和详细描述。

3. 实验设备

(1) 影像采集和存储系统。
(2) 视频播放系统。
(3) 减速器或其他产品。
(4) 产品装配录像资料。
(5) 生产流水线。
(6) 装配用工具。

4. 实验准备及实验组织

实验前,需要预习实验中所涉及的基础工业工程、人因工程等基础理论知识。本实验共需 4 学时,每次 2 学时,分 2 次进行。实验以 8 人一组进行。

5. 实验内容及实验步骤

动作分析实验是在程序分析和双手操作分析实验的基础上进行的,需先完成工艺程序分析实验和双手操作分析实验,掌握了工艺流程程序和双手操作分析方法后,再开始本实验。

本实验通过分析实际生产现场工作过程的录像资料和工艺流程卡,了解产品生产的工艺现状,运用动作研究的原理和方法,详细分析产品装配全流程中各工序的操作过程,绘制动素程序图,然后运用影像分析技术,对各工序中的每一个操作进行动作分析。根据动作经济原则,结合"5W1H"分析法和"ECRS"原则,提出改进作业方案。具体实验步骤如下。

(1) 了解产品的装配流程和各装配工序。

在计算机上利用视频播放软件,慢速播放产品的装配过程,仔细观察每个工作站工人从手部开始动作,到全部作业结束的所有动作,反复观看,了解作业的每一个动作细节。

(2) 分解记录每一个动作,绘制动素程序图。

熟悉附件中的基本动素,慢速播放装配录像,按基本动素合理分解作业动作,用动素符号记录各工作站作业工序中的所有动作,填入表 2-5 中,并绘制工作站作业动素程序图。

表 2-5 装配作业动素清单

序号	工作站	作业名称	动素	左/右手	动素性质	动素说明

如果工作站作业复杂,为了准确记录左、右手的每个动作,避免双手动作混淆,建议先记录右手的动作,再记录左手的动作,不要漏记微小动作。

(3) 绘制装配方案的工作站空间布置图。

每个工作站中,设备、工具、材料、人员等空间位置与操作者的作业动作密切相关,通过观看录像资料,用规定的符号绘制各工作站的作业现场空间布置图,包括操作者的作业位置和姿态。

(4) 动作分析与方案改进。

按照动作经济原则、基本动作要素分类和"ECRS"原则,对动素程序图和工作站的空间布局进行分析研究,找出存在问题的动素和工作站布置不合理的地方,采取措施取消无效动素,尽量减少辅助动素,消除"独臂"式动作,平衡双手工作时间,尽量使得双手的工作时间接近相等。配合动作的优化改进,在不扩大原有工作站工作空间的前提下,调整工作站的空间布局,使得人员、设备、物料三者的布置更加合理,满足动作改进的需要。

(5) 绘制改进后的动素程序图和工作站空间布置图。

根据改进后的作业动作方案和工作站空间布局的调整,用规定的动素符号绘制改进后的双手操作动素程序图和工作站空间布置图。

(6) 在生产线上实施改进后的作业方案。

打开生产流水线,调整流水线的速度,小组成员分工合作,在生产线上实施改进后的动作分析作业方案,并录制整个装配过程及各工作站的详细作业情况。

(7) 分析比较改进前后的作业方法和工作站布置。

根据改进前后的动素程序图,分别列出改进前后左、右手的工作时间、三类动作占比率以及工作站作业总时间的变化等;分析改进前后工作站所用主要设备、辅助设备、工具等数量的变化;观看改进后的动作作业方案录像,结合实际操作中的个人体会,应用动作经济性原则和设备经济性原则,综合评价改进后方案的优劣和实际可行性。

6. 实验分析及实验报告

(1) 在实验报告中列出主要实验步骤,简述实验内容。

(2) 绘制改进前后各工作站的作业动作动素程序图和工作站空间布置图。

(3) 完成实验过程中的相关图标,写出相关分析过程及分析结果。

(4) 列出改进前后所需设备清单表。

(5) 按照实验指导中的要求,分析评价改进后的作业效果和改进方案的实际可行性。

(6) 完成实验指导书中的思考题。

(7) 简要写出实验心得及实验改进建议。

7. 思考题

(1) 方法研究包含哪三个方面的技术?三种技术的研究对象有什么关联和区别?

(2) 划分动素的深层次意义是什么?

(3) 作业现场的布置对方法研究都有哪些影响?

8. 问题和建议

写出本实验遇到的问题,实验完成后有哪些收获,对本实验有什么意见和进一步改进的建议。

2.6 作业测定实验

1. 实验目的与要求

(1) 了解作业测定的目的和常用方法。

(2) 掌握秒表测时技术。

(3) 正确理解正常工作速度的概念。

(4) 掌握时间定额的制定原理、方法和程序。

(5) 会正确查阅"宽放率表"(附录3),确定正确的宽放率。

2. 实验原理

作业测定是把作业分成适当的作业单元,以时间为尺度进行测量、评价、设计和改善的作业方式,其目的是分析作业所需时间与影响因素间的变化规律,获得经济合理的标准作业方式和标准作业时间。

作业测定研究的主要方法有秒表测时法、工作抽样法、预定标准时间法等。秒表测时法是作业测定最直观的方法,利用秒表或其他计时器工具,记录一名合格的操作者在标准作业状态下,对一种特定的工作以正常速度操作所需要的时间。秒表测时法主要用于制定标准时间,是成本核算和生产线平衡等的技术基础。

3. 实验设备

(1) 影像采集和存储系统。

(2) 视频播放系统。

(3) 减速器、计算机主机箱或其他产品。

(4) 装配用工具。

(5) 生产流水线实验系统。

4. 实验准备及实验组织

实验前,应熟悉实验对象的装配流程及单元作业任务。本实验共需2学时,实验以4～6人一组进行。

5. 实验内容及实验步骤

本实验是在方法研究的基础上进行的。建议选择方法研究中工艺程序分析实验或操作分析实验中的实验对象。参考方法研究得到的产品装配工艺程序和工作站标准作业状态,在生产流水线上进行产品装配生产,获得连续工作的作业影像,用秒表测时法获得平均作业时间,根据附录3,选取合适的时间宽放率,确定实验对象装配的标准作业时间。

"标准状态"是指经过方法研究后制定的标准的工作方法、标准设备、标准程序、标准动作、标准工具、标准机器的运转速度及标准的工作环境等。具体实验步骤如下。

(1) 确定产品的装配流程和标准工作环境

利用工作研究获得的产品装配流程,制定标准装配流程、作业单元、单元工作方法、所需工具等,制定标准工作环境平面布置图。

(2) 设置标准工作环境

根据制定的标准工作环境,设置生产流程线的运行速度,各作业单元的设备配置和场地布置。小组成员扮演各作业单元的操作者,按照确定的单元工作方法,填写作业单元记录

(表 2-6)。反复练习单元工作,直到完全熟悉所有单元工作,并能以"正常速度"完成单元作业。

表 2-6 测时数据记录

实验日期		实验对象	
小组成员			
作业单元		使用工具	
操作人		标准时间	
序号	作业单元说明	实测时间 $T_{测i}$	评分 R_i	正常时间 T_i
1				
2				
3				
4				
5				
6				
7				
...				

(3) 录制作业过程影像

打开视频录制设备,按照标准工作环境的基本要求,以 10 个装配对象为一组,在生产装配线上进行实际装配操作,用影像设备录制全部装配作业过程。根据各组执行标准工作环境的情况,重复做 2~3 组实验。

(4) 作业时间数据分析与整理

① 分析作业时间数据

观看 2~3 组装配过程的影像资料,记录每次每个作业单元的实际作业时间,填入表 2-6 的实测时间栏中,并参考操作者的工作状态,给每个作业单元做工时评价(采用 100 分制),填入表 2-6 的评分栏中,完成作业时间数据的收集。

② 计算各测时单元的正常作业时间

第 i 个测时单元的正常工作时间 T_i 用如下公式计算,计算时需去除表 2-6 中评分过低的异常值,并将计算的结果填入表 2-7 中。

$$T_i = T_{测i} \times \frac{R_i}{100} \tag{2-2}$$

式中,$i = 1, 2, \cdots$。

③ 计算各测时单元的平均作业时间

统计装配过程各作业单元每次作业次数的正常工作时间,填入表 2-7。将表 2-7 中各测时单元的正常时间取算术平均值,得到各测时单元的平均作业时间 $T_{平i}$,填入表 2-7 中。

表 2-7　秒表测时时间研究数据

作业序号 \ 单元序号 正常时间	1	2	3	4	5	6	7	8	...
	T_1	T_2	T_3	T_4	T_5	T_6	T_7	T_8	...
1									
2									
3									
4									
5									
6									
7									
8									
9									
10									
...									
平均时间 $T_{平i}$									

④ 计算作业的总正常工作时间

总正常作业时间为各测时单元平均正常作业时间之和，即

$$T_总 = T_{平1} + T_{平2} + \cdots + T_{平n}$$

⑤ 确定作业时间宽放率

宽放率是指由于工人个人生理需求、工作环境和其他不能控制的延误所造成的附加时间与作业时间的比值。宽放时间与工作性质有关。根据作业性质的特点，查阅相关教材或其他行业资料，确定私事、疲劳、程序等的宽放率，加在一起得到总宽放率。详见附录 3。

⑥ 计算装配作业的标准时间

$$T_标 = T_总 \times (1 + 总宽放率)$$

6. 实验分析及实验报告

(1) 在实验报告中简述实验内容，写出主要实验步骤。

(2) 完成时间研究数据表格，装配作业的标准时间。

(3) 绘制所操作作业单元的标准作业布置图，给出作业单元的标准作业表和对应的标准作业时间表。

(4) 计算各作业单元的测时数据与单元平均测时时间的误差，分析较大误差产生的原因。

7. 思考题

(1) 如何理解"正常工作速度"？

(2) 确定工时评分 R 参数时,应考虑哪些因素?
(3) 确定时间宽放率时,应该考虑哪些因素?

8. 问题和建议

写出本实验遇到的问题,实验完成后有哪些收获,对本实验有什么意见和进一步改进的建议。

2.7 人机操作分析实验

1. 实验目的与要求

(1) 掌握人机操作分析图的绘制方法。
(2) 学会正确划分操作周期及确定操作周期的起始点和终止点。
(3) 学会科学地划分作业单元,确定操作单元的计时点。
(4) 学会利用人机操作分析图分析人员、机器的闲余能量,提高人员、设备的利用率。

2. 实验原理

(1) 操作分析的含义与类型

操作分析在方法研究中属于第二层次,即在第一层次——程序分析之后,通过对以人为主的工序的详细研究,科学地布置和安排操作者、操作对象及操作工具等,合理地构建工序结构,以减轻劳动者的劳动强度,减少作业的工时消耗,达到提高产品质量和产量的目的。操作分析比程序分析的研究范围窄,但是比程序分析研究得更细致、更深入。

根据不同的研究对象和研究目的,操作分析技术一般可分为人机操作分析、联合操作分析和双手操作分析等。

(2) 人机操作分析的目的和意义

人机操作分析是研究在一个工人操作一台或者多台设备的情况下,一个操作周期内,机器动作与工人操作的相互关系,以达到充分提高机器与工人工时利用率的目的。

在智能技术快速发展的时代,智能化设备在生产中得到了广泛的应用,操作机器的工人的主要工作变成了"监督"机器,有大部分工作时间是空闲的,造成了工作时间的浪费。人机操作分析技术,可以优化工人的工作时间,提高机器和人的利用率,提高生产效率,降低生产成本,提高企业的收益。

(3) 人机操作图的画法

人机操作图的画法有多种形式,原理相同,形式大同小异。图 2-12 所示为一种常用的工人操作机床加工工件的人机操作图,图 2-13 所示是经过人机操作分析研究优化后的人机操作分析图。

作业名称：铣床加工法兰盘	编号： 01-0001	图号：
开始动作：准备工件	动作结束：成品放入箱内	
研究者：张三	日期：06.02.16	

人员		时间(min)		机器
准备工件	■	1	□	空闲
		1		
装夹工件	□	1	□	被装夹工件
空闲	□	1	■	自动加工
		1		
		1		
		1		
卸下工件	▨	1	▨	被卸下工件
成品放入箱内	■	1	□	空闲
		1		

■ 表示单独工作　　工人工时利用率=6/10=60%
▨ 表示同时工作　　机器利用率=6/10=60%
□ 表示空闲

图 2-12　人机操作分析图(优化前)

作业名称：铣床加工法兰盘	编号： 01-0001	图号：
开始动作：装夹工件	动作结束：卸下工件	
研究者：张三	日期：06.02.16	

人员		时间(min)		机器
装夹工件	□	1	□	被装夹工件
成品放入箱内		1		加工
		1		
准备下一工件		1		
		1		
卸下工件		1		被卸下工件

□ 表示同时工作　　工人工时利用率=6/6=100%
　　　　　　　　　机器利用率=6/6=100%

图 2-13　人机操作分析图(优化后)

完成相同工作的人机操作在优化前后,工人和机器所需时间如表2-8所示。

表2-8 现行方法与改良方法统计比较

项目		优化前	优化后	节省
工作时间(min)	人	6	6	0
	机	6	6	0
空闲时间(min)	人	4	0	4
	机	4	0	4
周程时间(min)		10	6	4
利用率	人	60%	100%	40%
	机	60%	100%	40%

由表2-8可以清晰地看出,优化后消除了工人和机器的空闲时间,人机的利用率提高了40%。

3. 实验设备

(1) 计算机、投影仪,或者电视机、VCD影碟机。

(2) 产品加工技术资料,包括录像、工艺卡等。

(3) 观测板、纸、笔。

(4) 录像资料。

4. 实验准备及实验组织

本实验在完成工艺程序分析、双手操作分析和作业测定实验的基础上进行。本实验共需4学时,一次完成,实验以4~6人一组进行。

5. 实验内容及实验步骤

观看生产全过程录像资料,观察人机操作过程,确定每一工作周期内人员及机器的工作或空闲时间,画出现行的人机操作图,并对现有操作方法进行分析改进,绘制出改进后的人机操作分析图。具体实验步骤如下。

(1) 熟悉人机操作过程

观看工人利用机床加工零件的录像片,直至完全熟悉工人的操作过程。

(2) 熟悉工艺规程

工艺文件中记录加工对象的名称、使用的设备和工装夹具、加工工艺、工艺要求等内容,编制设备使用清单表,绘制加工工艺流程图。查阅相关工序卡,掌握加工过程和加工要点。

(3) 确定操作周期、单元和计时点

① 确定操作周期

操作周期是指工人加工完成一个零件的整个过程。工人的加工操作过程是一个操作周期不断重复的过程。观看录像资料,确定一个完整的操作周期的起始点和结束点。

② 划分操作单元

一个操作周期中,包括若干操作单元。操作单元是指工人或者机器设备为完成某一特定工作内容而进行的一系列动作的集合。如工人往机器上装夹工件、机器自动加工工件等都是一个操作单元。

操作单元的划分不是绝对的。一个操作单元的内容可多可少,划分的标准主要是依据工人和设备的工作情况,即以能将工人和机器的同时工作与分别工作明确区分开来为原则。

根据上述划分操作单元的基本原则,将操作周期划分为若干操作单元,给每个操作单元起一个名字,填入表 2-9 中。

表 2-9 操作单元划分

序号	人/机器	单元名称	操作说明	计时点	
				开始点 S	结束点 E
1					
2					
3					
4					
5					
…					

③ 确定计时点

表 2-9 中的计时点是指一个操作单元的起始时间点和结束时间点。为了测定操作单元的作业时间,需要准确确定操作单元的计时点。对于连续操作的作业单元,上一个操作单元的结束点,就是下一个操作单元的起始点。

(4) 记录每个操作单元所消耗的时间

慢速反复观看作业流程录像 5 次,记录每个操作单元的 5 次起止时间,填入表 2-10 中,并将各单元的平均起止时间填入表 2-10 中。

表 2-10 观测计时数据记录

序号	操作单元名称	计时点	观察次数					平均时间
			1	2	3	4	5	
1		S						
		E						
2		S						
		E						
3		S						
		E						
…		S						
		E						

（5）画出现行方法的人机操作分析图

参照实验原理中所介绍的人机操作分析图例子，画出现行方法的人机操作分析图。

（6）计算人员、设备利用率

工时利用率＝一个工作周期内工人的工作时间／工作周期时间

机器设备利用率＝一个工作周期内机器设备的工作时间／工作周期时间

（7）优化改进方案

应用"5W1H"分析法和"ECRS"原则，对人机操作程序进行改进，达到缩短工作周期、提高人员和机器设备利用率的目的。在改进过程中，要注意遵守工艺规程，不能违反工艺要求。最后，画出改进后的人机操作分析图。编制优化后的操作单元划分表，完成表中计时点数据。

（8）方案比较

对比优化前后的操作单元划分表，完成表 2-11。分析优化前后操作者、机器分别在每个操作周期中的空闲时间、操作时间及每周期的总时间。

表 2-11 优化前后用时统计比较

项目		优化前	优化后	节省
工作时间(min)	人			
	机			
空闲时间(min)	人			
	机			
周期时间(min)				
利用率	人			
	机			

6. 实验分析及实验报告

(1) 简述实验目的,实验设备及实验内容。

(2) 完成实验指导书中要求的图标内容。

(3) 绘制详细的优化前后工作方法的人机操作分析图。

(4) 分析比较优化前后用时统计比较表,并分析比较改进前后工作周期内人、机利用情况,计算优化前后人、机工作效率。

7. 思考题

(1) 如果是一名操作者同时操作多台设备,该如何绘制人机操作分析图?

(2) 怎样分析人机操作中工人的闲余能量?

8. 问题和建议

写出本实验遇到的问题,实验完成后有哪些收获,对本实验有什么意见和进一步改进的建议。

第 3 章　工效学类实验

工效学类实验主要围绕人因工程、基础工业工程理论课程的知识点设计实验项目。

人因工程课程主要知识点有：作业环境的测量、分析、评价、设计和改善；人的作业效能中的体力作业负荷评定、人的信息处理系统、脑力负荷测量与预测；人体测量与作业空间设计；人机系统、人机界面设计、劳动安全与事故预防等。

基础工业工程课程主要知识点有：方法研究中的程序分析、作业分析、动作分析的经典内容，作业测定中的秒表测试工作抽样、预定时间测定等。

3.1　环境照明与工作效率关系实验

1. 实验目的与要求

（1）了解照度计的工作原理并掌握其使用方法。
（2）理解照度的概念。
（3）学习照度测量规范及照度的测量方法。
（4）探索照明条件对工作效率的影响。
（5）学习利用常用光源的照明特性，对工作场所进行光源选择与布局设计。

2. 实验原理

利用人工制造的光源构成作业场所光环境称为人工照明。在作业过程中，80%以上的信息是由视觉得到的，通过视觉获得信息的效率和质量与视觉特征和光环境有着直接的关系。一般室内的工作场所，受自然采光条件的限制，多采用自然光照和人工照明相结合的照明方式，以满足工作场地对照明的需求。作业者长时间在照明条件不良的环境中工作，如长时间反复辨认对象，特别是结构复杂的小物体，会逐渐引起眼球干涩、视力模糊、流泪等眼部疲劳症状，明视觉反应持续下降，导致工作效率降低，严重时可能造成事故发生。

工作场地的光照条件一般用照度进行评价，照度作为照明设计的度量指标，是光源选择与布置的依据。照度用被照面单位面积上所接受的光通量来表示，单位为勒克斯（lx）。一般情况下，工作环境亮度高，工作者的心情较好，视力增强，则工作效率较高。但是，照度值的增加并非总是与劳动生产率的增加成正相关，工作环境的照度过高、过低、耀眼和照度值急剧变化等都属于不良照明条件。实验表明，视力不仅受注视物理亮度的影响，还与周围亮度有关。当周围亮度与中心亮度相等或周围稍暗时，视力最好；若周围比中心亮,则视力下降。因此,合理地布置光源,使工作空间具有合适的照度,且被照空间的照度均匀或比较均匀,有利于保持作业者的身心健康、提高工作效率和作业的准确率。

3. 实验设备

(1) 实验器材

光电照度计、秒表、可调光台灯、白色和黄色光源、衣针、衣线、胶带、桌面纸、剪刀等。

(2) 照度计使用说明

光电照度计是一种物理光学仪器,由光检测器和测量显示仪表两部分组成,如图 3-1 所示为一种手持式数显照度计。

图 3-1　手持式数显照度计

照度计的使用方法如下:

① 按下"POWER"电源键,选择合适的量程。

② 打开光检测器盖子,将光检测器置于被测位置,仪器显示屏就显示出被测点的照度值,直接读取数值即可。

③ 如果仪器显示屏最高位上只出现"1.",则说明光线太强,超出了该挡量程范围,应该按"RANGE"键,换高一挡的量程;如果仍显示"1.",则继续上调量程。

④ 如果测量的场合照度多变时,为了便于读数,可以按"HOLD"键,设定为读值锁定模式,获得稳定的测量数据,再按一次"HOLD"键可解除锁定。

⑤ 使用完毕后,按"POWER"键关闭照度计,防止电源空耗。

4. 实验准备及实验组织

(1) 将与工作台等大的桌面纸均匀划分成若干个边长为 15 cm 方格,并在每个格子的中心点标上标号,将方格纸平铺在工作台上,并用胶带固定。

(2) 将台灯置于桌面纸上方正中间的位置。

(3) 取若干根白线,每根白线长度约为 30 cm。

(4) 为了排除外界光源对照明光源的影响,实验开始前需关闭所有光源,并拉上窗帘,遮挡自然光源。

(5) 本实验共需 4 学时,一次完成。实验以 2 人一组进行。一人为记录者,操作照度计记录数据,并使用秒表限定时间,另一人为操作者,负责穿针。

5. 实验内容及实验步骤

本实验用缝衣针穿线模拟对工作场所照明要求比较高的精细作业,测量在不同光照环境下的作业效率。通过测量在规定的时间内完成穿针引线的个数,探讨照明对工作效率的影响。具体实验步骤如下:

(1) 操作者反复练习穿针工作,直到熟练为止。

(2) 布置工作空间。操作者调整座椅到舒适的位置,选定双手在桌面的工作位置,确定白色衣线、衣针以及穿好线的衣针在工作台上放置的位置。确保在不同照明挡位工作时,只有光照强度发生变化,人与工作环境等条件保持不变。

(3) 打开台灯,调节台灯的亮度调节按钮,将其亮度调节到测量挡位,在此条件下,用照度计测量每个格子中心的照度值,并将所测照度值填入表 3-1 中。

(4) 操作者完全适应此挡照明条件后,开始穿针,同时开始计时。

(5) 计时开始时,操作者拿起一根线穿入针孔,并保持针孔两侧的线段等长,然后整齐地摆放在工作台的固定位置处,然后再穿下一根针。

(6) 操作者开始工作时,记录者用秒表开始计时,计时到 90 s 时,提醒操作者立即停止工作。

(7) 计算出操作者在计时时间内穿针的个数,将数据填入表 3-1 中。

(8) 改变台灯的亮度挡位,重复实验步骤(3)~(7),直到完成六个照明挡位的测量。

(9) 六个照明挡位测量完成后,完成表 3-1 的所有内容,关闭实验设备,结束实验。

表 3-1 环境照明与生产率关系测定记录

_____年_____月_____日

本组成员				桌面纸颜色	□ 黄色	□ 白色
操作者				记录者		
测量位置	照明度值					
	一	二	三	四	五	六
1						
2						
3						
4						
5						
6						
7						

(续表)

测量位置	照明度值					
	一	二	三	四	五	六
8						
9						
10						
11						
12						
13						
14						
15						
平均照度						
最大照度						
最小照度						
照度均匀度						
穿针个数						
穿针效率						

6. 实验注意事项

(1) 实验用白线长度必须一致，每次实验中衣针、衣线的摆放位置和摆放方向保持相同。

(2) 每调节一挡照明挡位，操作者应充分适应当前光照条件后，再开始工作。

(3) 为了避免个体差异因素的影响，整个实验过程为同一操作者。

(4) 实验前，操作者需熟悉穿针过程，避免个人熟练程度影响实验结果。

(5) 实验过程中，操作者手部的工作位置应保持不变。

(6) 计时结束时，可根据操作者手上的针和线长，精确到小数点后一位，计入操作者的穿针个数。

7. 实验分析及实验报告

(1) 简述实验目的、实验内容和使用的实验仪器。

(2) 完成实验过程中的图表记录。

(3) 根据表 3-1，计算各照明挡位的平均照度、照度均匀度等。

平均照度

$$\bar{E} = \frac{\sum_{i=1}^{n} E_i}{n} \tag{3-1}$$

照度均匀度

$$A_\mathrm{u} = \frac{E_\mathrm{max} - \bar{E}}{\bar{E}} \leqslant \frac{1}{3} \tag{3-2}$$

照度均匀度同时满足

$$A_\mathrm{u} = \frac{\bar{E} - E_\mathrm{min}}{\bar{E}} \leqslant \frac{1}{3} \tag{3-3}$$

式中，E_i——各测点的照度值；

n——测量点的个数。

(4) 绘制照度-生产率关系趋势曲线，并分析照度对生产率的影响。

(5) 任取某一光照条件下记录的每个中心点的照度值，描绘出工作台的等照度曲线，根据此曲线，分析点光源光线照度的分布规律。

(6) 用人因工程基础理论，分析实验结果产生的误差及误差产生的原因。

(7) 分析实验设备、实验环境存在的不合理之处，提出详细的改进方案。

8. 思考题

(1) 在实际工作中，如何把光照对工作效率的影响降至最低？

(2) 不同颜色的光源和工作台面，对工作环境的照明是否有影响？

(3) 本实验结果在工程实际中如何应用？

3.2 心率与耗氧量关系测定实验

1. 实验目的与要求

(1) 学习心率和耗氧量的测量方法。

(2) 掌握和理解劳动过程中，心率与耗氧量的相关关系。

(3) 理解如何用心率与耗氧量的相关关系进行劳动强度的评价。

2. 实验原理

(1) 人体劳动时的生理反应

由劳动医学可知，劳动者的心率在作业开始后的 30~40 s 内会迅速增加，然后缓慢上升，一般经过 3~5 min 后便可以达到与劳动强度相适应的稳定水平，而作业时人体对氧的消耗动态表明，作业时人体的能量消耗可以从人体的耗氧量上反映出来。

(2) 人体耗氧量

人体在劳动生产过程中，心率不断调节以适应身体对耗氧量的需求。生理学理论表明，同等劳动强度下，劳动者的心率和耗氧量的关系与性别、年龄、体质等因素都有关系。劳动者从安静到开始劳动，心脏每秒血液的输出量、血压、血液的含氧量、体温、呼吸频率以及代谢率等生理指标都在不断地调节，以适应劳动对能量的需求，但这些影响因素对同一类劳动者的生理影响大致相同,其劳动过程中的耗氧量与心率变化具有相近的变化规律。因此,可以用心率来估算耗氧量,进而确定某项作业的劳动强度。心率与耗氧量的相关关系,可以为制定劳动定额、进行劳动组织以及核定合理的作业休息时间提供科学依据。

(3) 劳动载荷的模拟

本实验利用功率自行车或者自动跑步机来模拟劳动者的工作负荷,通过调整实验者的骑车或跑步速度模拟不同的劳动负荷,测量实验者的心率和耗氧量,用统计学的方法得出二者的相关关系。

3. 实验设备

跑步机(或功率自行车)、肺功能测定仪、手腕式心率表、秒表、温湿度计、酒精棉、纸吹管、记录表格纸等。

4. 实验准备及实验组织

(1) 熟悉跑步机主要操作按钮的使用方法,特别是操作"启动""停止"按钮和紧急停止的各种方法。

(2) 熟悉手腕式心率表的硬件和软件操作方法,特别是静态心率和动态心率测量的切换方法。

(3) 熟悉手腕式心率表 App 的使用,学会瞬时心率、平均心率的获取方法。

(4) 本实验共需 4 学时,一次完成。实验每组 3~4 人,其中 1~2 人作为测试者,其余 1~2 人作为记录者,读取并记录跑步机上的心率值,以及调节肺功能测定仪和测量记录。

5. 实验内容及实验步骤

本实验利用多功能跑步机测定人在不同劳动负荷下工作时的心率与最大通气量,用最大通气量来描述耗氧量,分析劳动强度与心率、耗氧量间的关系。具体实验步骤如下。

(1) 记录实验环境条件。

用温湿度计测量实验室的温度和湿度值,填入表 3-2 测试环境一栏中。

(2) 静态心率测量。

测试者保持手腕清洁、干燥,将心率表戴在左手腕上。佩戴的松紧程度以可塞进一个手指为宜,佩戴的位置距腕骨偏上一指宽。将测试表切换到静态心率测量状态,静坐 5 min 后,读取其静态心率值,填入表 3-2 中的静态心率一栏。

(3) 劳动负载的划分。

测试者根据自身的实际情况,确定自己的测试速度范围,并将测试范围划分为 5~7 个挡位,并将速度值填入表 3-2 中。

(4) 实验前适应性及热身运动。

测试者在跑步机上以较慢的速度进行适应性练习,并熟悉跑步机的操作方法。跑步应持续 3 min 以上,完成适应性热身运动。

(5) 测试者热身运动后,应充分休息,直到心率恢复到静态心率时,方可开始实验。

(6) 心率与耗氧量测试。

测试者将腕式心率表调至动态心率测试状态,调节跑步机速度至预先制订的最低挡速度。实验开始,测试者开始跑步测试。记录者记录开始跑步的时间,测试者连续跑步 3 min 后,跑步结束。同时,记录者记录测试者当前(跑步第 3 min)的心率,填入表 3-2 中。

测试的同时,记录者按照肺功能测定仪的使用方法,调整肺功能测定仪到最大通气量挡位,待测试者 3 min 跑步结束后,立即开始测量最大通气量(MVV)。测量时需要用鼻夹夹住鼻孔,被测者深而快地均匀呼吸,以每秒一次的呼吸频率,共计保持呼吸 12 s 以上,本挡位测试结束。记录者将测得的最大通气量数据填入表 3-2 中。

(7) 该挡位劳动强度测试结束后,测试者应充分休息,防止疲劳强度叠加。待心率恢复到静态心率后,方可进行下一挡位的测量。

(8) 重复进行实验步骤(6)~(7),直到完成所有挡位的测量。

表 3-2　心率与耗氧量测定记录

　　　　　　年　　　　月　　　　日

本组成员							
测试者		记录者			测试环境		
测试者的基本情况		跑步挡位	跑步速度(km/h)		第 3 min 心率(次/min)		最大通气量(L/min)
姓名		1					
性别		2					
年龄		3					
身高		4					
体重		5					
静态心率							
健康状况							

6. 实验分析及实验报告

(1) 简述实验目的,实验设备及实验内容。

(2) 实验数据处理及分析。

根据测得的实验数据,以心率 x 为自变量,以最大通气量(MVV) y 为因变量,得到线性回归方程

$$y = a + bx \tag{3-4}$$

式中,a、b 是常量,可按下式计算

$$\left.\begin{array}{r}l_{xx}=\sum_{i=1}^{n}(x_i-\bar{x})^2\\l_{yy}=\sum_{i=1}^{n}(y_i-\bar{y})^2\\l_{xy}=\sum_{i=1}^{n}(x_i-\bar{x})(y_i-\bar{y})\\\bar{x}=\dfrac{\sum_{i=1}^{n}x_i}{n},\bar{y}=\dfrac{\sum_{i=1}^{n}y_i}{n}\end{array}\right\} \quad (3-5)$$

由公式(3-5)可以得到

$$a=\bar{y}-b\bar{x}$$

$$b=\frac{l_{xy}}{l_{xx}}$$

将求得的 a 和 b 值代入公式(3-4)中,得到心率与耗氧量的关系。

(3) 根据实验测试数据,在直角坐标系中绘制各负荷下心率与耗氧量关系实测曲线图。

(4) 在图中绘制公式(3-4)的回归曲线,比较实测曲线与回归曲线的误差,分析误差产生的原因。

(5) 完成实验指导书中的思考题。

7. 思考题

(1) 研究人体心率与耗氧量关系的目的是什么?

(2) 为什么能量的产生和消耗量可以从人体的耗氧量上反映出来?

3.3 劳动强度测定与评价实验

1. 实验目的与要求

(1) 了解劳动者在劳动过程中,劳动强度、人体能量消耗与生理反应的关系。

(2) 掌握劳动强度测定原理与测定方法。

(3) 运用心率-耗氧测试数据,确定劳动强度等级。

2. 实验原理

(1) 疲劳与劳动强度

疲劳是指在劳动生产过程中,由于连续工作致使身心劳累而引起作业能力明显下降,或由于厌倦而不愿意继续工作的一种状态,主要表现为生理疲劳和心理疲劳两个方面。体力劳动强度是疲劳的主要诱发因素之一。一般情况下,劳动强度越大,越易产生疲劳。当人处于疲劳状态时,生理状态将发生特殊变化,如心率、血压、呼吸等变化。

大量实验结果证明,人体在带负荷运动过程中、运动结束后体力恢复过程中,心率、耗氧量和能量代谢率之间具有良好的线性关系。本实验采用劳动者在劳动过程中的心率数据,取代能量代谢率作为劳动强度的评价指标,进行劳动强度的相关分析及评价。

(2) 相对综合心率

由于个体之间存在较大的生理差异,在同等负荷的作用下,每个人的瞬时心率会存在较大的差异。但是,其瞬时心率与静态心率的比值(相对心率)基本接近。因此,为了消除一定的个体差异,用相对心率作为体力劳动强度的评价指标,能够获得与能量代谢率 RMR 值评价相一致的评价结果。

考虑到劳动是一个动态的过程,在评价劳动强度时,综合考虑运动过程中的相对综合心率来评价体力劳动疲劳程度。相对综合心率定义为:运动中的相对平均心率 Pn_1、运动恢复期 n min 的相对平均心率 Pn_2 和恢复期 n 分钟末的瞬时相对心率 Pn_3 三者的平均值,即

$$Pn = (Pn_1 + Pn_2 + Pn_3)/3 \tag{3-6}$$

计算相对综合心率时,一般取运动过程中 3 min 的平均心率计算 Pn_1,运动后 3 min 内的平均心率计算 Pn_2,运动后第 3 min 末的瞬时心率计算 Pn_3。本实验将由式(3-6)计算的 Pn 值与国家标准相比较,对劳动强度进行评估。

3. 实验设备

跑步机(或功率自行车)、手腕式心率表、秒表、记录表格纸、温湿度计等。

4. 实验准备及实验组织

(1) 熟悉跑步机主要操作按钮的使用方法,特别是"停止"和"紧急停止"按钮的各种使用方法。

(2) 熟悉手腕式心率表的硬件和软件操作方法,特别是静态心率和动态心率测量的切换方法。

(3) 熟悉手腕式心率表 App 的使用,学会瞬时心率、平均心率的获取方法。

(4) 本实验共需 2 学时,一次完成。实验以 3～4 人一组进行,其中 1～2 人作为测试者,其余 1～2 人作为记录者,负责测量等辅助工作。

5. 实验内容及实验步骤

本实验利用多功能跑步机模拟人在不同劳动负荷下的工作,运用运动过程中的相对平均心率、运动恢复期内的相对平均心率,以及恢复期结束的瞬时相对心率来综合评价体力劳动的疲劳程度,评估个人的劳动能力。具体实验步骤如下。

(1) 记录实验环境条件。

用温湿度计测量实验室的温度和湿度值,填入表 3-3 中。

(2) 静态心率测量。

测试者保持手腕清洁、干燥,将心率表戴在左手腕上。佩戴的松紧程度以可塞进一

个手指为宜,佩戴的位置距腕骨偏上一指宽。将心率表切换到静态心率测量状态,静坐 5 min 后,读取其静态心率值,填入表 3-3 中。

(3) 实验前适应性热身运动。

测试者在跑步机上以较慢的速度进行适应性练习,并熟悉跑步机的操作方法。跑步应持续 3 min 以上,完成适应性热身运动。

(4) 劳动负荷的划分。

测试者根据预热运动的适应情况,确定自己的测试速度范围,将测试范围划分为 5~7 个挡位,填入表 3-3 中。

(5) 动态心率测量。

① 测试者热身运动后,充分休息,直到恢复静态心率后方可开始动态测量。

② 将腕式心率表调至动态心率测试状态,测量开始。调节跑步机速度至最低挡速度,测试者开始跑步,记录者记录开始时间,测试连续进行 3 min,跑步结束。

③ 测试者休息 3 min,并记录休息后第 3 min 末的瞬时心率,填入表 3-3 中,该挡位测试结束。

(6) 测试结束后,测试者应充分休息,防止疲劳强度叠加。待恢复到静态心率后,方可进行下一挡位的测量。

(7) 重复进行实验步骤(2)~(5),直到完成所有挡位的测量。

(8) 打开心率表 App,读取各挡位时间段的平均心率值,填入表 3-3 中。

表 3-3　劳动强度测量记录

_____年_____月_____日

本组成员						
测试者		记录者		测试环境		
测试者的基本情况		跑步挡位	跑步速度 (km/h)	心率(次/min)		
				运动中 3 min 内均值	运动后 3 min 内均值	休息后第 3 min 瞬时值
姓名		1				
性别		2				
年龄		3				
身高		4				
体重		5				
静态心率						
健康状况						

6. 实验分析及实验报告

（1）简述实验目的、实验设备及实验内容。

（2）根据实验结果，用直角坐标系绘制各负荷下的时间-心率曲线图，探讨心率随负荷变化的规律。

（3）根据表 3-3，利用式（3-6）计算测试者相对综合心率。根据测试者的相对综合心率值，参考附录 4 体力劳动强度分级表，对测试者的劳动能力做定性的描述和评估。

（4）分析实验结果的合理性，分析造成实验误差的原因，探讨减小测试误差的改进措施和建议。

7. 思考题

（1）常见劳动强度的确定方法有哪些？

（2）劳动强度评价结果在工程实际应用中有什么用途？

8. 问题和建议

写出本实验遇到的问题，实验完成后有哪些收获，对本实验有什么意见和进一步改进的建议。

3.4 环境照明综合实验

1. 实验目的与要求

（1）了解影响环境照明的主要因素。

（2）了解环境照明的相关国家标准，掌握照度测量的规范及方法。

（3）学习实际场景环境照明的测量，学习绘制相关的图表。

（4）掌握照明环境的分析方法，学习对实际场景照明环境的改进方法。

2. 实验原理

视觉是人类获取信息的重要途径之一，光环境的质量是影响人类视觉的重要因素。光环境质量主要受平均照度、照度均匀度、色温、显色指数及眩光等因素影响，对于用眼、用脑工作的学生及相关人员，光照度除了影响人的视力、学习效率外，还会对人的情绪造成较大的影响。色温除了有类似光照度的影响外，对人的情绪、生理节律以及视觉疲劳有较大的影响。合理的色温和光照度的配合，有助于缓解人的紧张情绪，降低视觉疲劳，增加眼睛的色彩辨别能力。眩光是在视野内出现亮度过高或对比度过大，且会感到刺眼并降低观察能力的一种光线。眩光视觉效应主要破坏视觉的暗适应，产生视觉后像，使工作区的视觉效率降低，分散注意力，造成视觉疲劳。

教室光环境质量直接影响学生的学习效率和视力健康。教室的光环境主要关注光照度、色温和眩光对阅读者视觉疲劳、精神状态的影响。本实验根据教室的功能分布，参考国家光照环境的标准，利用光照测量设备，对高校典型教室的照明环境进行测量，利用人因工程学理论知识和方法,对测量结果进行分析与评价。

附录 5 附表 5-1 按照《建筑照明设计标准》(GB 50034—2013)给出了教育建筑照明标准值;附录 5 附表 5-2 按照《作业面邻近周围照度标准》(GB 50034—2013)给出了作业面邻近周围照度标准值。

3. 实验设备

(1) 不低于一级的照度计、卷尺、手持式测距仪、计时工具、方格纸等。

(2) 计算机。

(3) 绘图软件。

4. 实验准备及实验组织

(1) 实验前学习照度计和测距仪的使用方法。

(2) 根据常用教室的建筑结构,如阶梯教室、平面教室等对教室进行分类,选择其中一类教室作为实验对象,并根据教室面积的大小,选择一大一小两个教室作为光照环境测量的对象。

(3) 学习建筑绘图的基础知识。

(4) 本实验共需 4 学时,分 2 次进行,每次 2 学时。以小组进行实验,每组 6 人左右,组内成员以 2 人为单位,1 人测量,1 人记录,配合完成测量工作。

5. 实验内容及实验步骤

本实验对不同大小、不同光源布置条件下的两个教室进行光环境的测量,测量在自然光照环境、自然光+照明光源混合光照环境以及纯照明环境三种情况下的照度,并对教室光照环境的合理性进行分析评估。白天进行自然光照环境和混合光照环境实验,晚间进行教室不同功能区域的纯照明环境实验。具体实验步骤如下。

(1) 测试环境数据准备

按照下列步骤,完成大小两个教室基础测试环境数据的准备工作。

① 绘制测量教室的总体平面布置图

观察教室的空间布局和设施布置,将教室按功能划分为教师讲课区域、演示区域、学生听课和学习区域,用测量工具测量教室的长宽高,测量各功能区域的长宽尺寸,在表格纸上按比例绘制教室的总体平面布置图。总体平面布置图包括教室的地面、墙面和顶面等六个平面。

② 绘制测量教室的平面设置图和光源平面布置图

测量各区域设施的尺寸,选择合理的投影平面,按比例绘制各区域设施的详细平面设置图,并在图中标注出如讲台、黑板、课桌和窗户等设备的名称及功能。

观察教室中光源的类型及分布情况,查阅光源的几何尺寸,用测量仪器测量各光源在顶平面中的位置及离开顶面的距离,将测得的光源参数填入教室光源信息表(表 3-4)。按照尺寸比例在顶面平面图中绘制各光源的位置及尺寸,完成光源平面布置图。

表 3-4 教室光源信息

光源编号	光源类型	光源颜色	功率(W)	外形尺寸	垂吊距离(mm)	光源图片
1						
2						
3						
4						
…						

③ 选取测量教室的采光测量点

采光测量点的选取包括测量点在水平面中的位置和垂直面中的高度。根据《建筑照明设计标准》(GB 50034—2013)的规定,测量点的高度参考值(表 3-5)可根据教室的实际情况进行选取。

表 3-5 测量点高度参考值

测量点的功能	测量点高度(mm)	备注
讲台桌	900	
多媒体讲台桌	1 050	
课桌	750	
实验台(坐姿)	≤760	
实验台(立姿)	≤900	
书架区	250	

表 3-6 照度测量点间距标准

房间或场所	测量点选取位置	照度测点距离(m)
教室、实验室、美术室	桌面	2.0×2.0
	地面	4.0×4.0
教室黑板	黑板面(垂直面)	0.5×0.5

依据《照明测量方法》(GB/T 5700—2008)的照度测量方法,采用矩形网格中心点法进行教室照度的测量,各功能区域照度测量点间距标准见表 3-6,不同功能区域测量点的划分方法如下:

[方法 1]黑板区域按照国标规定划分为 0.5 m×0.5 m 的正方形网格(图 3-2),网格的中心点为照度测量点。

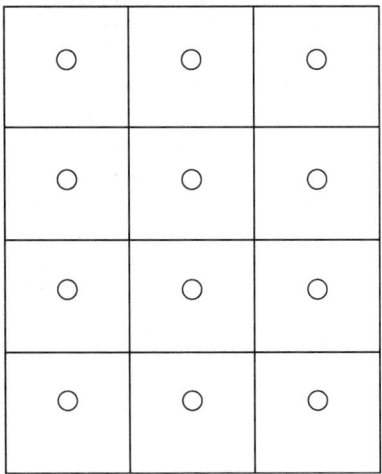

○—测量点
图 3-2　黑板测量点示意

[方法 2]学生课桌区域和实验平台区域,参照国标以桌面作为测量点,同排桌面测量点定于每个桌面的中心点,但中心点间距不能大于 2.0 m,桌面及实验台的测量点网格如图 3-3 所示,在每个测量点周围的虚线圆周上均匀选取四个点作为周围照度的测量点。

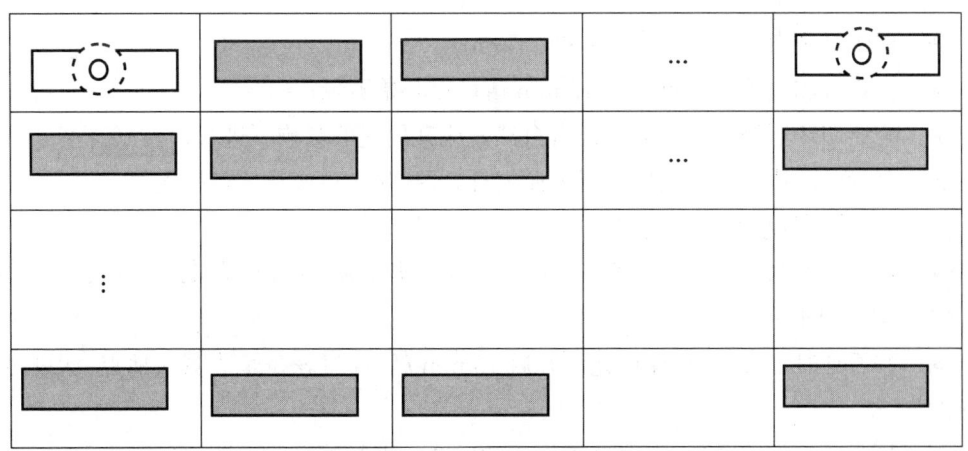

○—测量点；虚线圆—周围照度测量点
图 3-3　桌面测量点布置示意

④ 标注测量点完成测量平面图

分别在黑板和水平面布置图中标注所有测量点,并进行编号,测量点记为 0,周围照度测量点分别记为 1、2、3、4,绘制包含所有测量点的平面布置图。编制包含所有测量点的照度值测量记录表(表 3-7)。建议同一环境每个测量点测量 3 次,分别记为 E_1、E_2 和 E_3,取 3 次测量值的算术平均值作为该点的照度值 E_i。

表 3-7　室内环境照度值测量记录

测量地点																					测试时间				
照明方式																					天气状态				
房间面积																					测量点数				
测试人员																									

测试点编号	功能区域	照度值																		
		E_1					E_2					E_3					E_i				
		10	11	12	13	14	20	21	22	23	24	30	31	32	33	34	0	1	2	3	4
1																					
2																					
3																					
…																					

注：表中照明方式分为自然光、自然光与照明混合光以及纯照明光。

（2）光照环境测量

① 教室光照测量条件

➢ 白炽灯和卤钨灯累积燃点时间≥50 h；

➢ 白炽灯和卤钨灯燃点超过 15 min 后可以开始测量；

➢ 全照明环境照度测量应在没有自然光或其他光的影响下进行；

➢ 测量时应排除其他杂散光射入照度计，并排除人员或物体遮挡光线。

② 混合光照环境教室照度测量

➢ 进入实验教室后，首先打开并检查所有照明光源，保证所有光源照明正常，打开计时工具开始计时；

➢ 查看计时工具读数，保证光源开启 15 min 后，填写表 3-7 中测试地点、测试时间等相关内容；

➢ 打开并检查照度计，照度计工作正常后开始进行测量；

➢ 按照各个区域的测量点布置图，顺序测量各点照度，每个测量点连续测量 3 次，将测量结果填入表 3-7；

➢ 对照测点布置图，检查表 3-7，确认全部测量点均已测量，完成混合光照环境教室照度测量。

③ 自然光照环境教室照度测量

➢ 进入实验教室后，关闭所有人工照明光源，保证教室完全由自然光照明；

➢ 填写表 3-7 中测试地点、测试时间等相关内容；

➢ 打开并检查照度计,照度计工作正常后开始进行测量;

➢ 按照各个区域的测量点布置图,顺序测量各点照度,每个测量点连续测量3次,将测量结果填入表3-7中;

➢ 对照测量点布置图,检查表3-7,确认全部测量点均已测量,完成自然光环境下教室的照度测量。

④ 纯照明环境教室照度测量

选择晚间进行,需关闭教室的所有窗帘,排除室外光源的影响。

➢ 进入实验教室后,关闭教室内所有窗帘,打开并检查所有照明光源,保证所有光源照明正常,打开计时工具开始计时;

➢ 查看计时工具读数,保证光源开启 15 min 后,填写表3-7中测试地点、测试时间等相关内容;

➢ 打开并检查照度计,照度计工作正常后开始测量;

➢ 按照各个区域的测点布置图,顺序测量各点照度,每个测量点连续测量3次,将测量结果填入表3-7,测量时注意排除测量者影子对光线的遮挡;

➢ 对照测点布置图,检查表3-7中测量点是否测量完全,完成纯照明环境下教室的照度测量。

6. 实验分析及实验报告

(1) 在实验报告中简述实验内容,列出主要实验设备和实验步骤。

(2) 用CAD软件,按照绘图标准绘制教室的平面布置图,包括教室的尺寸、门窗尺寸、所有设备的轮廓尺寸、位置等信息。

(3) 利用计算机软件绘制教室照度测量点布置图,包括周围照度测量点。

(4) 完成教室光源信息表。

(5) 选择适当的计算机软件,编制室内环境照度值测量记录表,并利用内部函数进行数据处理,计算测量点的照度值。

(6) 利用计算机软件,绘制黑板、课桌面、实验台面等的照度曲线图、3D照度分布图,绘制测量点周围照度曲线图。

(7) 计算教室的平均照度和照度均匀度,参照附录5给出的国家标准,分析评价被测教室的光照情况。

平均照度为

$$\bar{E} = \frac{\sum_{i=1}^{n} E_i}{n} \tag{3-7}$$

式中,$\bar{E}$——平均照度(lx);

n——测量点总数。

照度均匀度为

$$A_u = \frac{\overline{E} - E_{\min}}{\overline{E}} \quad (3-8)$$

式中，A_u——照度均匀值（均差）；

$E_{\min}$——最小照度值（lx）。

（8）参照附录 5 的国家标准，分析得到的测量点周围照度曲线，评价教室阅读照明环境。

（9）根据得到的实验结果，分析存在的问题及产生的原因，应用人因工程学的相关理论和方法，提出改进建议。

（10）完成实验指导书中的思考题。

7. 思考题

（1）实验获得的结果是否与平时上课时的主观感受一致？

（2）在光照度接近的光环境中，光源颜色（即色温）对生理和心理的主观感受是否有所不同？

3.5 作业空间对工作效率影响实验

1. 实验目的与要求

（1）通过不同作业条件下工作时间的测定，了解工作效率与作业空间的关系。

（2）了解人体不同姿态与作业空间范围的关系。

（3）掌握坐姿工作的工作空间对工作效率的影响。

（4）能应用人因工程学的知识合理布置工作空间和设计作业平面。

（5）学习利用影像法分析人体工作姿态。

2. 实验原理

作业空间是指人、机器设备、工装以及被加工物所占据的空间。一般分为近身作业空间、个体作业空间和整体作业空间。主要关注与作业者相关的作业空间范围，也就是考虑人体静态和动态尺寸，在坐姿或站姿状态下，作业者完成作业所涉及的空间范围。

作业者的作业效率除了与人体本身的生理因素有关外，也与其工作时的情绪等因素有关。工作场地、工作条件等物理环境设计的合理性，能够有效降低长时间工作造成的生理疲劳，改善作业者的心情，从而提高总体工作效率。因此，科学分析作业者肢体的可操作范围、视觉范围以及作业姿态等一系列生理因素和心理因素，对作业对象、机器、设备、工具进行合理的空间布局，给人、物等确定最佳的流通路线和占有区域，可以有效地提高系统总体的舒适性和可靠性。

本实验利用生物学、生物力学和心理学原理,构建空间布局和作业姿态不同的作业面,体会不同作业环境对作业者的生理和心理影响,了解工作空间各种物理因素对作业效率的影响机理。

3. 实验设备

(1) 350 mm×400 mm 销孔板 4 块,如图 3-4 所示;M8×30 mm 平头销轴 30 个,如图 3-5 所示。

(2) 可调角度和高度的工作台,物料摆放工作台,可调标准座椅。

(3) 物料盒、秒表、卷尺、人体秤等。

(4) 肢体反光贴片、录像设备。

(5) 计算机及图像处理软件。

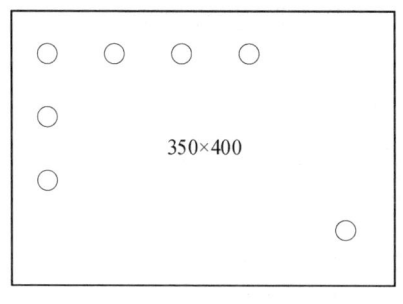

图 3-4 销孔板(mm)

图 3-5 平头销轴

4. 实验准备及实验组织

实验前预习人因工程学和基础工业工程课程中与工作研究、作业空间设计、人体测量以及作业疲劳等相关内容。实验时尽量穿着紧身衣,便于姿态标记点的粘贴和位置捕捉。本实验共需 4 学时,一次完成。每组 3~4 人,其中 1~2 人作为作业者,另 1~2 人作为记录者做测量辅助工作。

5. 实验内容及实验步骤

本实验模仿销轴的装配工作,通过改变工作台的角度和工作台面的布置,采用不同的作业姿态,构建不同的作业环境,测定不同工作环境条件下完成相同作业的工作时间,分析作业空间对工作效率的影响,提出合理的销轴装配作业空间设计方案。具体实验步骤如下。

(1) 小组成员分成装配作业员和实验数据记录者。装配作业员按照图 3-6 所示,在衣服上粘贴反光标记点。

(2) 记录者调整相机的位置和角度,使镜头视野能够完全捕捉到作业员的全身动作。将可调工作台、物料放置台和座椅放置到合适的位置,完成工作空间的布局,绘制如图 3-7 所示的作业空间布置图。

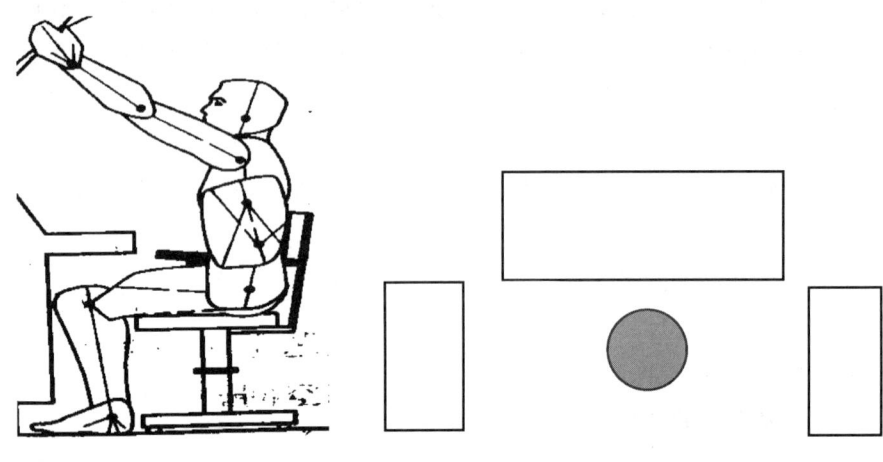

图 3-6　反光标记点粘贴位置　　　　图 3-7　作业空间布置

（3）装配作业员调整桌椅、工作台高度与倾角到最舒适的位置。记录者测量作业员的身高、桌椅的高度、工作台的高度和桌面倾角，将测量的数据填入表 3-8 和表 3-9 的测试基础数据栏。

表 3-8　人体姿态与工作效率测量记录

小组成员													
操作者							记录者						
测试基础数据	工作台高度	不同人体姿态装配时间(min)									最疲劳		最省力	
		-4	-3	-2	-1	0	1	2	3	4	编号	等级	编号	等级
身高														
体重														
年龄														
工作台高														
工作台倾角														
座位高度														
座椅倾角														

表 3-9 工作台高度与工作效率测量记录

测试基础数据		人体姿态	不同工作台高度装配时间(min)							最疲劳		最省力	
			−3	−2	−1	0	1	2	3	编号	等级	编号	等级
身高													
体重													
年龄													
工作台高													
工作台倾角													
座位高度													
座椅倾角													

小组成员、操作者、记录者栏位于表格上方。

（4）按照工作研究的方法规划装配顺序和作业动作，布置销轴物料盒的摆放位置，在作业空间布置图中标注物料盒、销轴的位置和摆放姿态。

（5）按照规划的装配顺序和作业动作多次实际操作，确定最终的装配顺序和标准作业动作，并绘制销轴装配工艺程序图和双手操作分析图。

（6）装配作业者坐在椅子上，保持上身垂直，将销孔板放于最适于操作的位置，保证手臂伸直刚好能够完成最远处销轴的装配，规定上身垂直姿态为 0°姿态，在作业空间布置图中绘制 0°姿态销孔板的位置。

（7）分析人体姿态变化对工作效率的影响。

① 调整人体上身的姿态在 −20°～20°范围内变化。姿态变化间隔为 5°，如表 3-8 所示对不同姿态从 −4～4 进行编号。

② 保持座高、作业面倾角固定不变，固定工作台高度，根据人体不同姿态，调整销孔板的位置，保证手臂伸直刚好能够完成最远处销轴的装配作业。

③ 打开摄像机，从 0°姿态开始，按照标准作业进行销轴的装配。用秒表记录将 30 个销轴装入销孔所用的总时间，填入表 3-8。对比附录 6 中主观疲劳感觉量表，在表 3-8 中填写该工作台高度下最费力和最省力的姿态角度和主观疲劳程度。

④ 拆除所有销轴，按规定放入销轴物料箱中，物料箱保持装配前的状态。

⑤ 充分休息，直到恢复到工作前的状态，开始下一步实验。

⑥ 保持其他条件不变，调整人体上身姿态变化 5°，同时调整销孔板的位置，按照标准作业进行销轴的装配，用秒表记录将 30 个销轴装入销孔所用的总时间，填入表 3-8 中对应位置中。

⑦ 重复实验步骤⑥，直到完成表 3-8 中 9 个人体姿态下销轴的装配作业，并分别记录装配时间，该高度工作台实验完成。

⑧ 调整工作台的高度，调整范围为 ±150 mm，每次调整 50 mm，重复实验步骤①～

⑦,记录相同工作台高度下,人体不同姿态下完成 30 个销轴装配所用的时间,填入表 3-8 中,直到完成工作台高度的实验测试。

(8) 分析工作台高度变化对工作效率的影响。

① 固定人体上身姿态,调整工作台的高度在初始位置的±150 mm 范围内变化,工作台高度变化间隔为 50 mm,对不同高度的工作台从-3~3 进行编号,如表 3-9 所示。

② 保持座高、作业面倾角固定不变,根据人体不同的工作台高度,调整销孔板的位置,保证手臂伸直刚好能够完成最远处销轴的装配作业。

③ 打开摄像机,从工作台的初始高度开始,按照标准作业进行销轴的装配,用秒表记录将 30 个销轴装入销孔所用的总时间,填入表 3-9。对比附录 6 中的主观疲劳感觉量表,在表 3-9 中填写同一人体姿态下最费力和最省力的工作台高度的编号和主观疲劳程度。

④ 拆除所有销轴,按规定放入销轴物料箱中,物料箱保持装配前的状态。

⑤ 充分休息,直到恢复到工作前的状态,继续下一步实验。

⑥ 保持其他条件不变,调整工作台的高度 50 mm,同时调整销孔板的位置,按照标准作业进行销轴的装配,用秒表记录将 30 个销轴装入销孔所用的总时间,填入表 3-9。

⑦ 重复实验步骤⑥,直到完成表 3-9 中 7 种工作台高度下销轴的装配作业,并分别记录装配时间,填入表 3-9,该作业姿态实验完成。

⑧ 调整人体姿态的角度,重复上述实验步骤,记录处于同一人体姿态下,采用不同高度工作台完成 30 个销轴装配所用的时间,填入表 3-9,直到完成所有人体姿态的实验测试。

(9) 更换操作者,重复实验步骤(7)和(8)的内容。

(10) 关闭摄像机,保存实验操作的录像资料。

6. 实验分析及实验报告

(1) 简述实验目的、实验设备及实验内容。

(2) 完成实验过程中所要求的图和表格。

(3) 绘制销轴装配工艺程序图、双手操作分析图。

(4) 根据表 3-8 的数据,绘制相同工作台高度下,工作效率与人体姿态参数的关系曲线。

(5) 根据表 3-9 的数据,绘制相同人体姿态下,工作效率与工作台高度参数的关系曲线。

(6) 根据绘制的关系曲线以及获得的疲劳结果,结合实验录像资料中人体作业时姿态的变化曲线,从生理学和心理学角度分析产生作业疲劳的原因、疲劳与工作效率的关系。

(7) 根据装配作业中主观感觉身体疲劳的部位,分析产生的原因,并对作业空间提出改进建议。

（8）利用获得的实验数据，尝试分析工作姿势与工作效率的关系，以及熟练程度、疲劳度等与工作效率的关系。

（9）结合实验结果，给出影响工作效率的作业空间参数，并给出推荐值。尝试设计销轴装配的作业空间方案。

7. 思考题

（1）作业者的熟练程度和疲劳度是否与工作效率有关？

（2）不同作业者身高最适宜的工作台高度与倾角是否相同？

（3）给定人体姿态与作业面二者间的相对角度，一是人体的姿态保持不变，通过改变作业面的倾角调整相对角度；二是作业面倾角保持不变，通过改变人体姿态调整相对角度。哪种情况更易引起人体疲劳，从而影响工作效率？

8. 问题和建议

写出本实验遇到的问题，实验完成后有哪些收获，对本实验有什么意见和进一步改进的建议。

第4章 规划与设计类实验

规划与设计类实验主要围绕设施规划与物流管理、生产系统建模与仿真课程的知识点设计实验项目。

设施规划与物流管理课程主要知识点：设施规划的基本概念、设施选址和评价、设施布局设计、设施容量设计、物料搬运系统、物料搬运设备、仓储系统与仓储作业、设施布置与物流管理问题的模型和算法与量化技术等。

生产系统建模与仿真课程主要知识点：仿真软件的工作原理、离散事件系统及系统建模的常用方法；生产系统建模方法、仿真数据处理及结果分析方法、模型验证；生产系统仿真常用软件及应用等。

4.1 智能车间认知实验

1. 实验目的与要求

（1）了解现代智能车间的基本组成及各组成部分的功用。
（2）认识智能车间实验系统的基本组成及其特点。
（3）了解智能车间实验系统各组成部分的关键技术。
（4）掌握智能车间生产的基本工艺过程。

2. 实验原理

智能制造、智能工厂和智能车间是制造智能化不同层次的概念，所包含的内涵由大到小排列。智能制造是制造业层面上的制造智能化，智能工厂是企业层面上的制造智能化，而智能车间是企业内部层面上的制造智能化。

（1）智能制造。智能制造利用人工智能技术扩大、延伸和部分地取代人在制造过程中的脑力活动，使制造柔性化、智能化和集成化。

（2）智能工厂。现代智能工厂利用自动化技术、信息管理技术、物联网技术等，关注产品及行业的全生命周期，实现从供应商、产品制造到客户的产品全生产链的自动化与信息化管理，以提高工厂运营管理整体水平为核心。

智能工厂清晰地描述了生产什么、如何有计划地生产、如何控制质量、如何提高设备及人员的工作效率等，工厂各业务流程形成闭环化管理、一体化运作和智能化决策协调生产全过程。

（3）智能车间。智能车间利用网络及软件管理系统实现了生产系统加工设备、检测设备、运输设备、机器人等各种自动化设备的互联互通,实时感知客户需求、生产状况、原材料、人员、设备、生产工艺、环境安全等信息,实时进行数据分析,实现自动决策,精确执行命令,具备自组织生产的精益管理能力。智能车间以产品生产整体水平提高为核心,关注生产管理能力、产品质量、客户需求导向的及时交付能力,同时,关注设备资源、人力资源的高效利用等。

3. 实验设备

(1) 智能车间实验系统。

(2) 智能车间实验系统操作说明书。

(3) 智能车间实验系统作业录像资料。

(4) 视频播放设备。

4. 实验准备及实验组织

本实验共需 2 学时,一次完成,实验以 4~6 人一组进行。

5. 实验内容及实验步骤

1) 实验内容

本实验以典型智能车间实验系统(图 4-1)为基础,认识一般智能车间的组成及生产过程,理解制造智能化的内涵。本实验主要有三大部分内容:

(1) 通过观看智能车间实验系统生产工艺过程的录像资料,初步建立智能车间生产过程的概念。

(2) 通过实验系统的操作演示,建立智能生产过程的感性认识,巩固智能生产的概念。

(3) 按照生产过程,认识各生产工序的作业内容、设备的组成、协调控制原理、相关技术等,深入理解设备互联互通,生产自动决策与组织、命令的精确实现方法及相关软硬件要求。

图 4-1 智能车间实验系统

2）实验步骤

（1）初步熟悉实验室现有智能车间实验系统的基本组成，认识各组成部分的名称及功用，绘制智能车间实验系统的总体平面布置图。

（2）认识智能车间的生产流程。

观看智能车间实验系统的作业过程录像，熟悉该智能车间所生产的产品，了解产品生产的工艺过程，各工序使用的设备，绘制智能车间产品生产的工艺程序图。

（3）观看智能车间真实作业过程。

① 阅读实验系统的操作说明书，熟悉设备的开启过程。

② 教师开启实验设备，学生观察指导教师开启实验系统的顺序及各工序设备的开启过程，并进行记录。

③ 教师操作实验系统，完成录像资料中产品的一个生产过程。

（4）学生全程观看产品的生产过程，记录各工序的作业时间、所用设备（主要设备和辅助设备）和人员数量等信息，填入表 4-1 中，拍摄各工位照片，贴入表 4-1 中。

表 4-1　产品生产工艺过程及作业信息

产品名称		产品图			工位总数	
工序	工序名称	所用设备	作业时间	人员数	工位照	

6. 实验分析及实验报告

（1）简述实验内容，列出主要实验设备和实验步骤。

（2）绘制实验产品的工艺程序图，完成表 4-1 中的各项内容。

（3）分析该智能车间实验系统的特点，指出使用了哪些先进技术。

（4）对实验系统中感兴趣的先进技术，利用互联网，查阅相关文献，了解该技术的应用领域以及在智能车间中的应用方法。

（5）完成实验指导书中的思考题。

（6）简要写出实验心得及实验改进建议。

7. 思考题

（1）智能制造、智能工厂与智能车间三者间的关联及区别。

(2) 工艺流程、工序与工作站的关联及区别。

8. 问题和建议

写出本实验遇到的问题,实验完成后有哪些收获,对本实验有什么意见和进一步改进的建议。

4.2 智能物流系统认知实验

1. 实验目的与要求

(1) 了解物流企业中主要的物流装备技术及其技术特点。
(2) 认识智能物流装备实验系统的基本组成及各组成部分的功能。
(3) 了解物流装备的功能分类。
(4) 了解智能物流装备实验系统的智能技术。

2. 实验原理

(1) 物流系统功能及其基本组成

物流系统是指在一定的时间和空间里,由所需移动的物资、包装设备、装卸搬运机械、运输工具、仓储设施、人员和通信联系等若干相互制约的要素所构成的具有特定功能的有机整体,这些特定功能由物流装备来实现。

物流装备主要包含用于储存、装卸搬运、运输、包装、流通加工、配送、信息采集与处理等物流活动的设备或装备。物流装备按功能可分为储存设备、装卸搬运设备、运输设备、包装设备、流通加工设备、配送设备、信息采集与处理设备七大类,分别实现物流系统中对应的功能。

(2) 智能物流装备实验系统的组成

智能物流装备实验系统(图4-2)主要涉及自动化立体仓库、集装单元(托盘)、装卸搬运设备(各类输送机、巷道堆垛机、叉车和AGV等设备)、生产装配流水线(图4-3)、电子标签显示仪、人工辅助分拣系统、信息采集及处理设备(RFID射频标签系统和手持电子标签扫描仪)、服务器以及交换机和PC机组成的NT网络。

智能物流装备实验系统由两个基本功能系统组成,仓储物流系统和生产装配流水线系统,两个系统通过物流小车实现物资的运输和转运。智能物流装备实验系统的总体布局如图4-4所示。

3. 实验设备

(1) 智能物流装备实验系统及系统说明书。
(2) 生产线作业录像资料。
(3) 物流仓储作业录像资料。
(4) 视频播放设备。

图 4-2　智能物流装备实验系统

图 4-3　生产装配流水线

4. 实验准备及实验组织

实验前,预习实验中所涉及的机械原理、机械设计、物流工程与管理等基础理论知识。本实验共需 2 学时,一次完成,4～6 人一组进行实验。

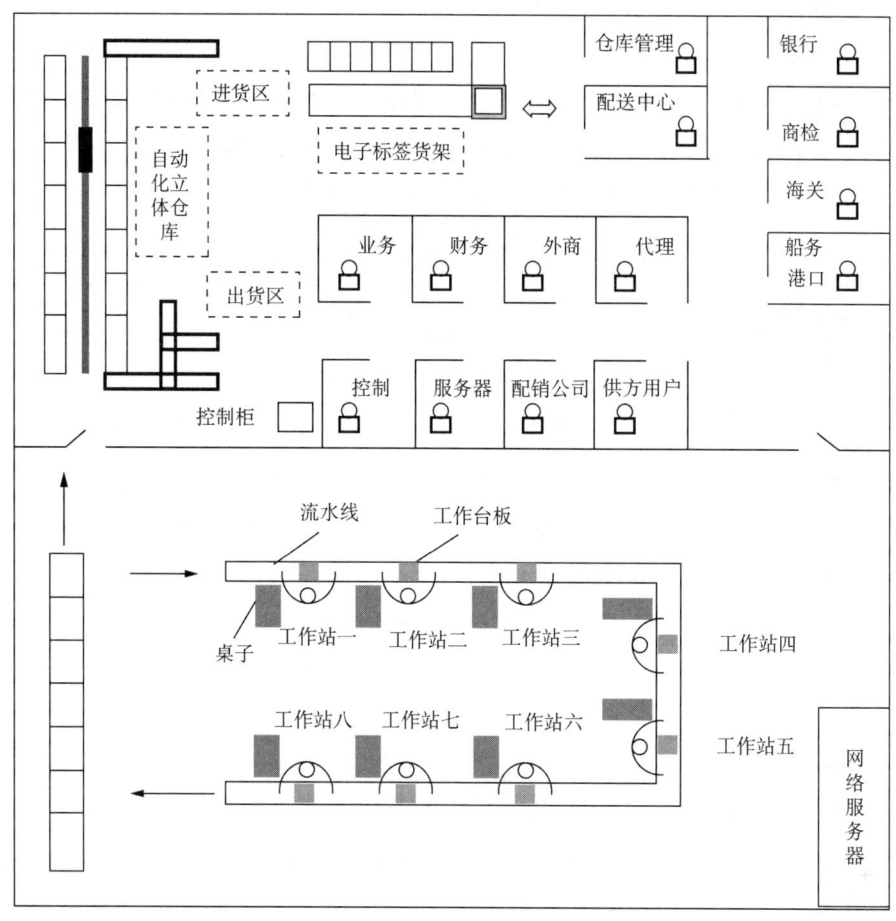

图 4-4 智能物流装备实验系统平面布置图

5. 实验内容及实验步骤

本实验通过观看智能物流装备实验系统的工作过程录像,认识物流设备在生产中的工作过程和作用,并实际操作主要设备和软件,深刻理解物流过程和物流装备的选用方法。具体实验步骤如下。

(1) 熟悉智能物流装备实验系统,明确各类设备的名称及功用。

(2) 认识生产装配流水线的工作过程。

观看生产线产品装配流程,了解从零件到产品的整个作业过程。开启实验室生产线,观察生产线上物料的流动过程,记录生产线的基本组成及各组成部分的功能,填入表 4-2 中。

(3) 认识仓储物流系统的作业流程。

观看仓储物流系统作业流程录像,了解物料从运输到入库,再出库运输的整个作业过程。教师开启物流实训系统,使用人工辅助分拣系统等智能仓储设备,实际操作录像中的全部作业流程,观察整个作业流程中所用的设备,并列表记录。观察记录物流自动进出库的控制原理及所用的控制设备及管理软件,并列表记录。

(4) 认识智能物流装备实验系统的装备特性及相关主要参数。

查阅实验系统设备说明书,了解生产线运行参数、自动化立体仓库、人工辅助分拣系统的特性参数及运输设备的性能参数等,了解智能仓储管理软件系统的基本组成和功能等,将主要设备及参数填入表 4-2 中,深入了解物流设备的使用条件、注意事项,为后续生产线规划与设计和现代物流仓储系统综合等实验打好基础。

表 4-2 智能物流系统主要设备及参数

	设备名称	数量	参数	图片
仓储物流系统	巷道堆垛机	1		
	自动化立体仓库	1		
生产装配流水线				

6. 实验分析及实验报告

(1) 简述实验内容,列出主要实验设备和实验步骤。

(2) 完成表 4-2 的内容,完成智能物流装备实验系统的装备分类。

(3) 用简图说明生产装配流水线和仓储物流系统的操作流程。

(4) 绘制物流仓储管理软件的结构图。

(5) 利用互联网,查询一个知名企业的智能物流系统,了解物流装备的先进技术。

(6) 完成实验指导书中的思考题。

(7) 简要写出实验心得及实验改进建议。

7. 思考题

(1) 实验室内现有智能物流系统与企业中的物流系统有哪些区别?

(2) 智能物流装备实验系统与目前先进的物流装备的差距在哪里?

8. 问题和建议

写出本实验遇到的问题，实验完成后有哪些收获，对本实验有什么意见和进一步改进的建议。

4.3 产品结构 BOM 设计实验

1. 实验目的与要求

（1）掌握产品结构 BOM 的绘制方法。
（2）掌握产品设计 BOM 与制造 BOM 的概念和区别。
（3）学会利用产品结构 BOM 编制缩排式 BOM。

2. 实验原理

（1）BOM 的概念

BOM 是产品结构的技术性描述文件，它表明了产品组件、子件、零件直到原材料之间的结构关系，以及每个组装产品所需要的各下属零部件的数量。BOM 描述的产品结构信息是制造企业的核心文件，各个部门的活动都要用到 BOM。BOM 根据其用处的不同，可分为设计 BOM、制造 BOM、计划 BOM、成本 BOM 和维修 BOM 等类型。

设计 BOM 是产品设计部门产生的技术文件，它从产品构成的角度，表明了构成产品的各种零部件及其相互关系，是工艺、制造等后续部门所需产品数据的基础。

制造 BOM 是根据生产计划中项目的最终需要，列出项目最终的所有各级子项，它既要反映产品的结构关系，更要反映制造过程中的逻辑关系，这种逻辑关系一方面与工艺流程有关，另一方面与生产组织方式有关。制造 BOM 是组织生产和企业信息管理系统的关键基础数据。

（2）BOM 的表达形式

BOM 常用的表达形式主要有结构树形式和表格形式两种。

① 结构树形式

结构树是以树状的方式描述产品结构的一种 BOM 表达形式，其一般表达形式如图 4-5 所示。为了便于计算物料需求量，树状图一般按照最低层级规则绘制，即将构成产品的各种物料按其隶属关系分为不同的层级，建立母子项描述上下层级物料间的关系。最终产品定为 0 级，与其相邻的下一层物料定为 1 级，以此类推。同一种物料只能出现在同一层级上，一般原则是将其集中在它们所处的各层级中最低的层级上。在产品生产的不同阶段，还会绘制其设计结构树（图 4-6）和制造结构树（图 4-7）。

② 表格形式

在 ERP 软件中，BOM 一般以表格的形式输出，包括单层 BOM、缩排式 BOM、汇总 BOM、反查 BOM 等。其中，缩排式 BOM 是最基本的 BOM 格式之一，如表 4-3 所示。

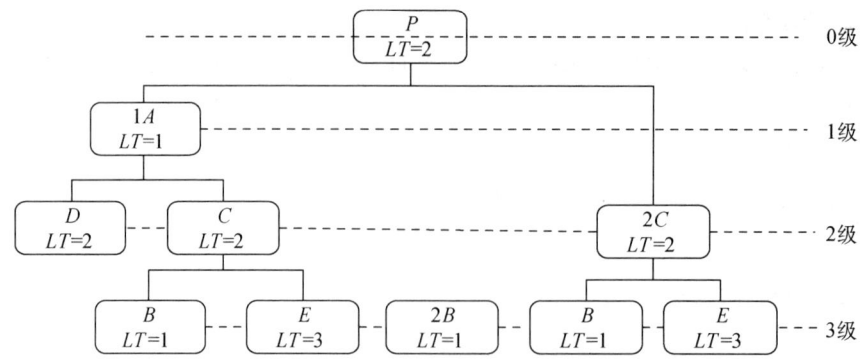

图 4-5 产品结构树

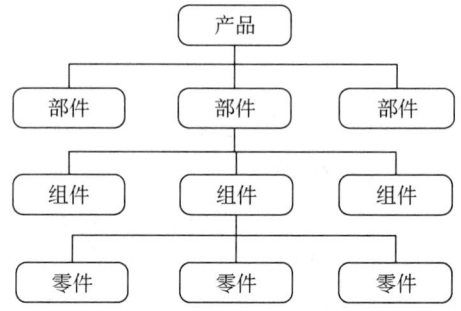

图 4-6 设计结构树

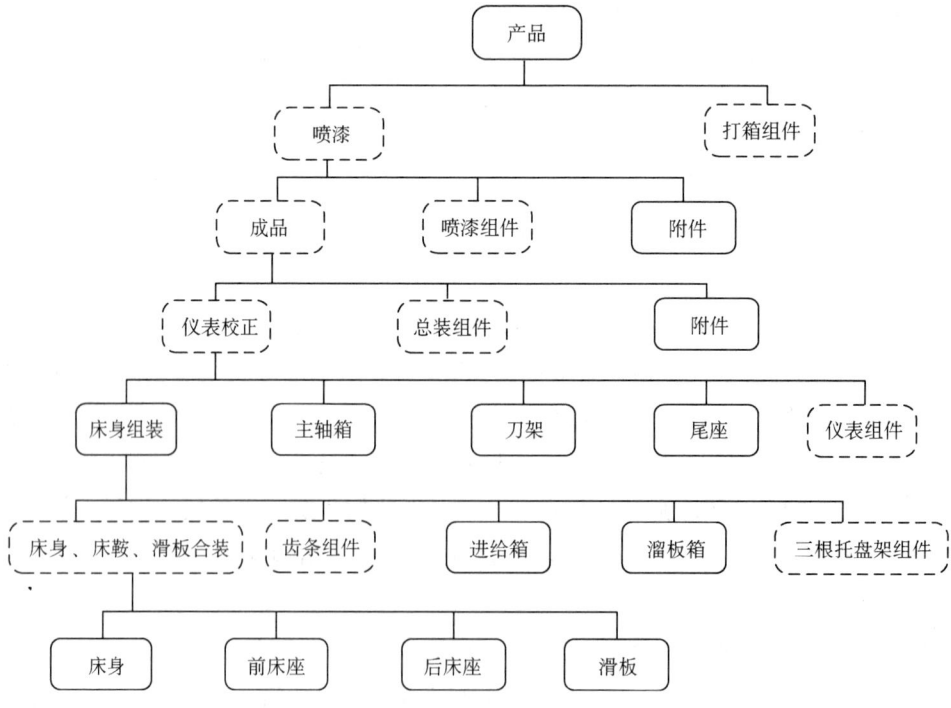

图 4-7 某机床厂制造结构树

表 4-3 缩排式 BOM

物料号		图号		版次		计量单位		批量		现有量	
物料名称		类型		分类		提前期		累计提前期			
层次	物料号	物料名称	计量单位	数量	来源	生效日期	失效日期	成品率	累计提前期	备注	

3. 实验设备

（1）用于拆装的计算机主机箱。

（2）主机箱装配工艺流程和主要零件加工工艺流程（附录 8 附图 8-1 和附表 8-1）。

（3）实验纸、笔、直尺等。

（4）计算机。

（5）Office 软件和 Visio 软件。

4. 实验准备及实验组织

实验前，需预习实验中涉及的机械原理、机械设计、基础工业工程等基础理论知识。本实验共需 4 学时，每次 2 学时，分 2 次完成，4 人一组进行实验。

5. 实验内容及实验步骤

本实验需拆装计算机主机箱，熟悉其组成结构，了解其零部件的名称及功用。根据计算机装配工艺流程文件，掌握计算机主机箱的装配顺序，通过拆装，建立零部件间的关系，记录所有零部件的数量，绘制计算机主机箱的设计结构树、制造结构树以及缩排式 BOM。具体实验步骤如下。

（1）熟悉计算机主机箱的结构，确定计算机零部件的名称

打开主机箱侧边盖，观察其内部结构和组成零部件，并核对计算机的零部件明细表，如表 4-4 所示。熟悉每个零部件的结构和功用，参考图 4-6 绘制主机箱的设计结构树。

表 4-4 计算机零部件明细

序号	零件(部件)名称	序号	零件(部件)名称	序号	零件(部件)名称
1	主机箱	10	光驱	19	鼠标
2	电源	11	网卡	20	电源连接线
3	电源线	12	声卡	21	说明书
4	主板	13	数据线	22	显卡驱动盘
5	CPU	14	散热器	23	声卡驱动盘
6	内存	15	音响	24	商标
7	软驱	16	显示器	25	产品序列号
8	显卡	17	电源插排	—	—
9	硬盘	18	键盘	—	—

（2）分析装配工艺流程，拆装计算机主机箱

分析主机箱的装配工艺流程，了解计算机的详细构成及各种零部件的装配方法，熟悉计算机的装配过程。

（3）绘制计算机主机箱的装配制造结构树

按照主机箱的装配工艺流程，动手装配主机箱，参考图4-7的制造结构树形式，绘制计算机主机箱的装配制造结构树。

（4）绘制计算机零件的加工制造结构树

根据计算机主要零件加工工艺流程文件，参考图4-7的形式绘制零件的加工制造结构树。

（5）编制缩排式BOM

根据计算机主机箱的装配制造结构树，参考表4-3编制计算机的缩排式BOM。

6. 实验分析及实验报告

（1）简述实验内容，列出主要实验设备和实验步骤。

（2）绘制计算机主机箱的设计结构树。

（3）绘制主机箱的装配制造结构树和计算机的零件加工制造结构树。

（4）绘制计算机缩排式BOM。

（5）完成实验指导书中的思考题。

（6）简要写出实验心得及实验改进建议。

7. 思考题

（1）在实际应用中，设计BOM和制造BOM分别起哪些作用？

（2）BOM的结构树形式和表格形式各有什么特点和用途？

8. 问题和建议

写出本实验遇到的问题，实验完成后有哪些收获，对本实验有什么意见和进一步改进的建议。

4.4 生产线规划与设计实验

1. 实验目的与要求

（1）掌握生产流水线组织设计的方法和技能。

（2）了解产品原则布置物流规划的含义，学会产品原则设施布置的方法。

（3）认识产品生产流水线的作业过程，了解生产线的基本参数。

（4）熟悉生产流水线的各种物料输送方式及其特点，学会根据需要选择使用。

（5）掌握生产流水线平衡的计算方法。

（6）掌握工厂设施平面布置图的绘图方法。

2. 实验原理

产品原则布置也称为生产装配线布置,是一种根据产品制造的步骤来安排设备或工作过程的生产方式。生产流水线是一条从原料投入到成品完工为止的连续线,是服务于专门产品的生产线,适用于少品种、大批量的生产方式。

生产流水线(简称生产线)是产品原则布置的典型代表,已经在世界各国广泛应用,其内容和形式也在不断创新。生产流水线的设计包括技术设计和组织设计两方面。技术设计是指工艺路线、工艺规程的制定、专用设备的设计、设备改装设计、专用工具设计、运输传输装置设计以及控制系统设计等。组织设计是指流水线的节拍和生产速度的确定、生产线平衡、设备需要和负荷计算、工序同期化设计、工人配备、生产对象运输传送方式的设计、生产流水线平面布置设计、流水线工作制度以及标准计划图的制定等。

生产流水线的组织设计是流水线设施布置设计的重点,是进行技术设计的前提和依据。组织设计和技术设计相互协调,才能实现生产流水线的技术先进、经济合理的目的。

3. 实验设备

(1) 柔性可重组生产流水线实验系统。

(2) 喷油泵及其组成零件,见附录 7 附图 7-1～附图 7-21。

(3) 喷油泵装配工艺文件,见附录 7 附图 7-22。

(4) 喷油泵操作单元及其标准作业时间,见附录 7 附表 7-1。

4. 实验准备及实验组织

实验前,需要预习实验中涉及的机械原理、机械设计、物流工程与管理等基础理论知识。本实验共需 4 学时,每次 2 学时,分 2 次完成,6～8 人一组进行实验。

5. 实验内容及实验步骤

本实验以柴油机用喷油泵的生产为研究对象,按照给定产品的加工或装配工艺流程、规定的生产产能,研究生产流水线的平面布置设计与流水线的生产平衡问题,按照规定的年产能,组织规划并设计生产流水线,完成生产线的平面布置设计,选择输送系统和设计流水线形式、确定工作站的数量、平衡流水线的作业、确定劳动定员等。具体实验步骤如下。

(1) 熟悉产品结构和工艺流程

根据附录 7 的柴油机用喷油泵主要组成零件图,熟悉和分析附录 7 附图 7-22 的装配工艺程序图,填写表 4-5 和表 4-6。

表 4-5 喷油泵 BOM

公司名称			设计者	
产品名称			设计日期	
层次	零件编号	零件名称	产品/数量	自制或外购

(续表)

层次	零件编号	零件名称	产品/数量	自制或外购

表 4-6 喷油泵装配作业顺序

公司名称		设计者	
产品名称		产品产量	
基本作业	标准作业时间 t_i	紧前工序	装配说明
1			
2			
3			
4			
5			
6			
7			

(2) 分析工艺程序图

根据给出的装配工艺程序图,对喷油泵实物进行拆解,并进行装配操作,确定各装配作业单元间的关联关系,确定各装配作业的紧前工序,填入表 4-6 中,为后续生产线平衡提供依据。记录装配过程中所需装配工具的种类及数量。

(3) 流水线的组织设计

① 确定生产节拍。

根据产品产量、装配车间生产时间,以及产品生产合格率(98%),计算生产节拍

$$C = \frac{H}{Q} \times 98\% \tag{4-1}$$

式中,H——每天生产时间(一班为 8 h);

Q——每天在 H 小时内要求的产量。

② 计算最少工作站个数。

根据附录 7 附表 7-1 的标准时间,计算满足生产节拍要求的最少工作站数

$$[K_{\min}] \geqslant \frac{\sum_{i=1}^{n} t_i}{C} \tag{4-2}$$

式中，$[K_{\min}]$——最少工作站数（取整数）；

t_i——单元作业时间；

$\sum_{i=1}^{n} t_i$——完成全部作业流程所需时间的总量；

C——生产节拍。

③ 分配各工作站的作业，进行装配线平衡。

根据表 4-6 给出的装配顺序以及各装配单元的紧前关系，绘制如图 4-8 所示的产品装配先后次序图。

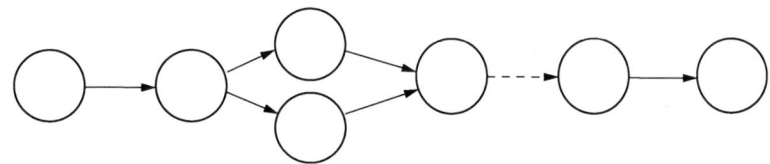

图 4-8 产品装配先后次序

根据生产线的节拍时间，在满足装配先后次序的前提下，分配各工作站的作业任务，将尽可能多的作业单元集中到一个工作站，直到该站的工作时间接近生产节拍，并填写装配线作业平衡表（表 4-7）。

表 4-7 装配线作业平衡

工作站数 K	单元 i	紧前单元	单元时间 t_i(s)	工作站时间 $\sum t_i$(s)	平衡延迟（s）	负荷率

④ 计算装配生产线的效率。

$$装配线效率 = \frac{完成作业所需时间总量}{实际工作站数 \times 生产节拍} = \frac{\sum_{i=1}^{n} t_i}{KC}$$

⑤ 根据生产线的平衡结果,确定工作站个数。

(4) 生产线总体布置与设计

根据图 4-8,设计并绘制生产流水线的平面布置图。根据工作站数量以及生产节拍,确定所需工人数量、设备清单,并对输送系统和装配工具进行简单的选型,给出设备数量和主要技术参数。

6. 实验分析及实验报告

(1) 实验报告中简述实验内容,列出主要实验设备和实验步骤。

(2) 完成实验指导书中所有的图、表内容。

(3) 绘制生产流水线的平面布置图,编制生产喷油泵所需的设备清单,注明各类设备所需数量及主要技术参数。

(4) 用实验室的仿真系统绘制生产流水线平面布置图。

(5) 完成实验指导书中的思考题。

7. 思考题

(1) 生产流水线的组织设计应考虑哪些因素?

(2) 生产流水线的平面布置设计主要有哪几种方式?

(3) 工艺原则和产品原则布置设计生产线的区别是什么?

8. 问题和建议

写出本实验遇到的问题,实验完成后有哪些收获,对本实验有什么意见和进一步改进的建议。

4.5 仓储货位规划与编码实验

1. 实验目的与要求

(1) 掌握货位管理的编码原则。

(2) 掌握货位的分配原则。

(3) 掌握 ABC 分析法在货物管理中的应用。

(4) 培养货位管理方案设计的能力。

2. 实验原理

仓储管理的重要工作之一是货位管理,其目的是保证存货质量,提高仓库容积利用率,降低仓库运输费用,消除安全隐患。

(1) 货位规划与编号的原则

仓储空间与货位规划是仓储系统规划的关键问题之一,良好的仓储规划可以提高人力、设备和面积的利用率以及货物的通过能力等,降低物流成本。本实验利用如图 4-9 所示的自动化立体仓库和图 4-10 所示的人工辅助分拣系统,以计算机主机箱产品为生产需求,延续第 4.3 节产品结构 BOM 设计实验的内容,利用实验中获得的产品结构和

图 4-9 自动化立体仓库

图 4-10 人工辅助分拣系统

BOM 资料，进行本实验的货位规划与编号设计。规划设计方案一般遵循以下原则：

① 根据物品的外形、BOM 配套数、包装及操作要求，结合保管场所的地形，规划各货位的分布或货架的位置，进行统一编号管理。

② 考虑进出物品和操作的方便，要为今后充分合理地分配和使用货位提供保障，要

有利于提高库容利用率及保证出入库效率。

③ 货位编号的唯一性。将库房、货场、货棚、货垛、货架及物资的货位进行编号,采用"四号定位"方法,记为 $X_1X_2X_3X_4$。X_1 表示库序列号,X_2 表示货架的排号,X_3 表示货架层号,X_4 表示货架列号。

(2) 自动化立体仓库的货位规划设计

自动化立体仓库货位管理一般按照下列方法进行设计:

① 货位分配原则

均衡各巷道货物原则、分区存放原则、柔性分区原则、出库原则、入库原则、重力原则等,详细内容参见相关教材。

② 用 ABC 分析法设计仓储货物管理方案

借鉴 ABC 分析法的原理和实施步骤,对仓储货物按出入库率进行 ABC 分析,根据分析结果,对货物进行合理仓储货位安排。将各种货物出入库频率由大到小进行排序,并计算出入库总频率,然后计算出各种货物出入库频率占总出入库频率的百分比,进行累加。一般百分比小于 70% 的货物为 A 类,70%～90% 的货物为 B 类,90%～100% 的货物为 C 类。A 类、B 类和 C 类百分比范围可根据实际情况自行调整。

③ 堆垛机到各个货位的运行效率计算方法

设定出入库货台位置,计算堆垛机到各个货位的时间。堆垛机有 3 个速度指标,分别为:水平运行速度、垂直升降速度和货叉伸缩速度。堆垛机水平和垂直方向同时运行,每个速度又分为低速和高速。堆垛机一般以高速起动,接近货位时转为低速运行。实验货物一般选用体积小、重量轻的产品,易于教学观察。三个方向的运行速度不宜太快,一般在保证堆垛机运行稳定性的前提下,设置适当的速度,三个速度按匀速计算。

3. 实验设备

(1) 实验室自动化立体仓库的所有设备。

(2) 仿真软件。

(3) 计算机主机箱零部件。

4. 实验准备及实验组织

实验前,需要预习实验中所涉及的设施规划与物流管理、生产系统建模与仿真等课程的基础理论知识,会使用系统仿真软件。本实验共需 4 学时,每次 2 学时,分 2 次进行。实验以 4 人一组进行。

5. 实验内容及实验步骤

通过完成两种取货方式的体验,记录完成取货的时间。通过对实验结果的分析比较,了解产生这种实验现象的原因,建立仓位规划和编码的概念,设计计算机主机箱及零部件的货位规划与编号方案,分别以出入货频率和时间为约束条件,用 ABC 分析法设计货物管理方案,并利用仿真软件建模,验证设计方案。具体实验步骤如下。

(1) 货位编号体验。

将如图 4-9 所示的立体仓库货架的货位划分为两个区域,两个区域摆放相同种类的货物。其中一个区域的货架无编号,货物随机任意摆放;另一个区域的货架以一定的规则进行编号,货物按规则有序摆放。利用人工辅助分拣系统,学生分别在上述两种存货区域中完成相同种类、相同数量的取货任务,并分别记录在两种存货区域内完成取货的时间,比较所用时间的长短,体会货位编号的必要性。

(2) 货位规划体验。

将图 4-9 所示的立体仓库货架的货位划分为成品、零件和原料三个区域。仓库设计两种存货方式:第一种是按区域、有编号的存货方式;第二种是不按区域、有编号的存货方式。学生分别在上述两种存货区域中,完成相同领料单任务,并分别记录两种存货方式完成取货的时间,比较所用时间的长短。

通过货位编号和货位规划的体验,体会其重要性,建立货位规划与编号的概念,体会单因素变化对存取货物的影响,进行计算机主机箱和零部件的货位编号和货位规划。

(3) 了解计算机主机箱及零部件及装配时间表(表 4-8)。

(4) 根据堆垛机载重参数、货格和托盘尺寸大小,测量并计算每个托盘的货物存储量,见表 4-9。

表 4-8 计算机主机箱及零部件及装配时间表

序号	装配单元零件(部件)名称	标准时间(s)
1	主机箱	0
2	电源	46
3	数据线 1	21
4	主板	12
5	CPU	12
6	内存	14
7	软驱	18
8	显卡	23
9	硬盘	21
10	光驱	5
11	网卡	23
12	声卡	20
13	光驱数据线	18
14	风扇	18
15	电源插排	50

(续表)

序号	装配单元零件(部件)名称	标准时间(s)
16	数据线2	21
17	数据线3	21
18	风扇壳	10

表4-9 单位托盘零件的存储数量

序号	零件(部件)名称	零件盒	长×宽×高(mm)	零件数(盒)	盒数(托盘)	零件数(托盘)
1	主机箱	托盘	400×400×20	1	1	1
2	电源	塑料盒	400×400×20	2	2	4
3	电源线	塑料盒	400×400×20	10	2	20
4	主板	塑料盒	400×400×20			
5	CPU	塑料盒	400×400×20			
6	内存	塑料盒	400×400×20			
7	软驱	塑料盒	400×400×20			
8	显卡	塑料盒	400×400×20			
9	硬盘	塑料盒	400×400×20			
10	光驱	塑料盒	400×400×20			
11	网卡	塑料盒	400×400×20			
12	声卡	塑料盒	400×400×20			
13	数据线	塑料盒	400×400×20			
14	散热器	塑料盒	400×400×20			
15	音响	塑料盒	400×400×20			
16	显示器	塑料盒	400×400×20			
17	电源插排	塑料盒	400×400×20			
18	键盘	塑料盒	400×400×20			
19	鼠标	塑料盒	400×400×20			
20	电源连接线	塑料盒	400×400×20			
21	说明书	塑料盒	400×400×20			
22	胶带	塑料盒	400×400×20			
23	显卡驱动盘	塑料盒	400×400×20			
24	声卡驱动盘	塑料盒	400×400×20			
25	商标	塑料盒	400×400×20			
26	产品序列号	塑料盒	400×400×20			

(5) 计算主机箱相关零部件的出入库频率,填入表 4-10 中。

表 4-10 零部件出入库记录

工序号	所需零部件	出库频率(托盘数/h)
1	主机箱	
2	电源	
3	数据线 1	
4	主板	
5	CPU	
6	内存	
7	软驱	
8	显卡	
9	硬盘	
10	光驱	
11	网卡	
12	声卡	
13	光驱数据线	
14	风扇	
15	电源插排	
16	数据线 2	
17	数据线 3	
18	风扇壳	

(6) 根据零部件的出入库记录表,按照 ABC 分析法对零部件进行分类,见表 4-11。

表 4-11 计算机主机箱零部件 ABC 分类

货物种类	A 类	B 类	C 类
零件	主机箱		
		硬盘	

(7) 设定出入库货台的位置,计算堆垛机到各个货位的时间,堆垛机按匀速运动计算,本实验室的堆垛机的水平运行速度为 20 m/min。测量每个货位的长度和宽度,绘制立体仓库货架货位分布图,包括入库口和出库口的位置。计算出堆垛机到每个货位的时间。

(8) 立体仓库货位分区及各类货物货位的确定。

① 根据各货位出入库所用的时间,用 ABC 分析法对立体仓库进行分区,对其进行编号。

② 将使用 ABC 分析法分类后的货物分别放在仓库对应的分区中,确定每类货物的具体货位,编制仓库货位分区和编号,如表 4-12 所示。

表 4-12 仓库货位分区和编号

垂直方向	B1	B3	…	…	C1	…
	…	…	…	…	…	…
	A2	…	…	…	B4	B5
	A1	A3	…	…	B2	…
出货台	水平方向 1 号台					

表 4-12 中,A、B、C 分别代表立体仓库中的货位分区,数字表示该区内堆垛机出货率的高低,数字 1 表示出货率最高,数字 2 次之,数字越大,表示出货率越低。

自动化立体仓库一般设有多个出入库口位置,选用的出入库口不同,所获得的仓库货位和编号也不同。

(9) 根据货位编码原则,对货物进行编码,并编制货物编码表。

(10) 在仿真软件中建立自动立体仓库仿真模型,将上述所设计的仓库分区及编码结果进行出入库仿真,验证设计方案的正确性。

6. 实验分析及实验报告

(1) 在实验报告中简述实验内容,列出主要实验设备和实验步骤。

(2) 完成实验内容中的所有图表。

(3) 绘制货物分配图、货位编码图。

(4) 汇集多组同学的设计方案,用仿真软件进行仿真分析,比较方案的优劣。

(5) 完成实验指导书中的思考题。

(6) 简要写出实验心得及实验改进建议。

7. 思考题

(1) 当货物出入库频率相差不大时,ABC 分析法是否可行? 有没有其他的分类方法?

(2) ABC 分析法还适用于哪些场合?

(3) 以托盘为集装单元给每个工位缓冲区送货时,是否要考虑组合托盘的环节? 在规划设计立体仓库以及出入库系统时如何考虑?

8. 问题和建议

写出本实验中遇到的问题,实验完成后有哪些收获,对本实验有什么意见和进一步改进的建议。

4.6 简单运作系统仿真分析实验

1. 实验目的与要求

（1）初步学会应用系统仿真软件建立简单运作系统的仿真模型。

（2）学会运作系统仿真结果的分析方法。

（3）体会运作系统中的随机性对仿真结果的影响。

2. 实验原理

使用软件进行运作系统的仿真建模通常可分为两个步骤：

（1）了解和明确所用软件提供了哪些建模元素，其中哪些是构建模型必不可少的基本建模元素。

（2）软件中的各种建模元素通常对应于实际运作系统中的哪些组成部分。

ProModel 是一款用于离散事件的仿真软件，可以对多种生产、物流和服务系统的运作流程进行建模仿真分析。ProModel 软件提供了丰富的构建工具、工作组件和操作设定等建模组件。用户可使用该软件分析运作系统的需求，利用相关建模组件，建立系统的仿真模型，并对仿真系统进行运行测试及系统跟踪。

3. 实验设备

（1）计算机。

（2）ProModel 软件及其使用说明书。

（3）Office 软件。

4. 实验准备及实验组织

（1）实验前，需要初步熟悉 ProModel 软件的基本组成及各组成部分的功能。

（2）复习系统仿真的分类及仿真分析方法。

（3）本实验共需 4 学时，一次完成。实验每次 8 人，每人一组进行实验。

5. 实验内容及实验步骤

本实验以某理发店为研究对象，运用 ProModel 仿真分析软件，研究典型的带有随机性的简单运作系统的仿真建模与分析问题。该理发店的基本运作环境如下：

① 运作流程如图 4-11 所示。

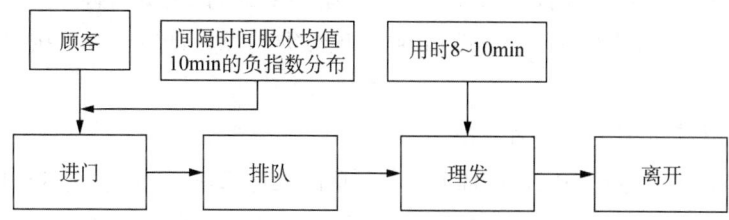

图 4-11 理发店运作流程

② 顾客到达理发店的时间是随机的，间隔时间服从均值为 10 min 的负指数分布。

③ 顾客理发时间一般在 8～10 min，理发时间服从均匀分布。

④ 完成理发服务之后，理发师马上开始为下一名顾客服务。

根据上述理发店的运作流程和特征，使用 ProModel 仿真软件，建立该理发店运作的仿真模型，并对分析结果进行分析。具体实验步骤如下。

(1) 分析理发店的运作流程，确定运作对象的性质。

分析理发店的运作流程，确定理发店的流动实体、固定实体和固定工作区域，用仿真软件中的专业术语描述实体要素，建立实体要素与仿真建模元素间的对应关系以及相应的规则，见表 4-13。

表 4-13 建模元素和运作系统要素间的对应关系

理发店	实体名称	仿真建模元素
顾客	Customer	Entity
排队队列	Waiting_for_Barber	Location
理发师	Barber	Location
顾客到达方式	无，需要用表格定义	Arrival
理发店作业流程	无，需要用表格定义	Processing

(2) 运作系统的仿真建模。

ProModel 仿真建模的一般步骤如下：

① 设置 General Information 模型的基础信息，选择图形库。

② 设置 Background Graphics 绘图背景图片等信息。

③ 设置运作对象的位置（Locations）等信息。

④ 设置运作对象（Entities）信息。

⑤ 设置对象到达模式（Arrivals）。

⑥ 设置处理流程（Processing）。

(3) 模型的基础信息设置及图形库选择。

打开 ProModel 软件，在 ProModel 主界面的"File"主菜单下，打开"New"选项，如图 4-12 所示，建立新模型文件。其中，"Title"选项填写新模型的名称为"Fantastic Dan"，同时完成"Time Units"和"Distance Units"选项参数的设置，单击"OK"按钮，完成模型文件的建立。

(4) 仿真建模元素参数设置。

在 ProModel 主界面中，打开"Build"主菜单的相应选项，设置表 4-13 中各建模元素的参数。主要包括位置（Locations）、流动实体（Entities）、到达方式（Arrivals）和运作流程（Processing）等参数设置。

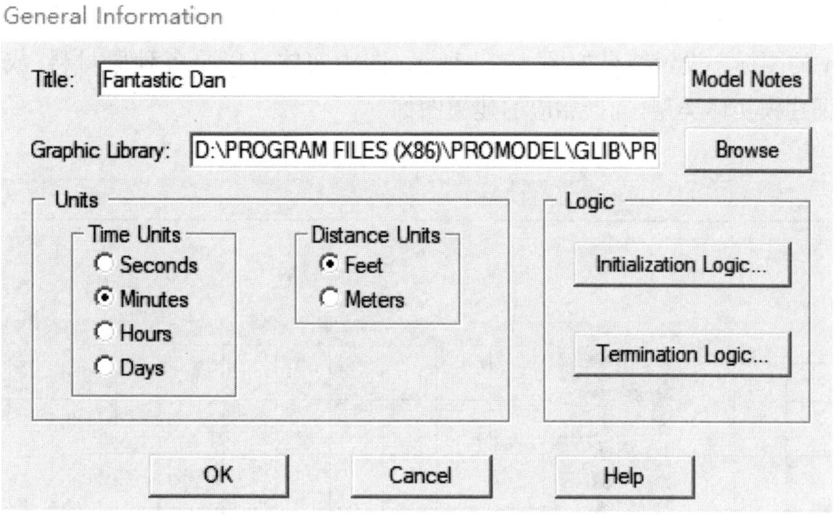

图 4-12 模型基本信息设置

① Locations 参数设置

选择"build"主菜单下的"Locations"选项,打开的设置界面如图 4-13 所示。在"Graphics"窗口中,取消"New"选项的勾选,单击"Aa"按钮,在"Layout"窗口单击"确定"按钮。在"Locations"窗口中,设定名称(Name)、量(Cap.)、排队规则(Rules)等属性。重复上述操作,完成所有位置设定,得到如图 4-13 所示的结果。

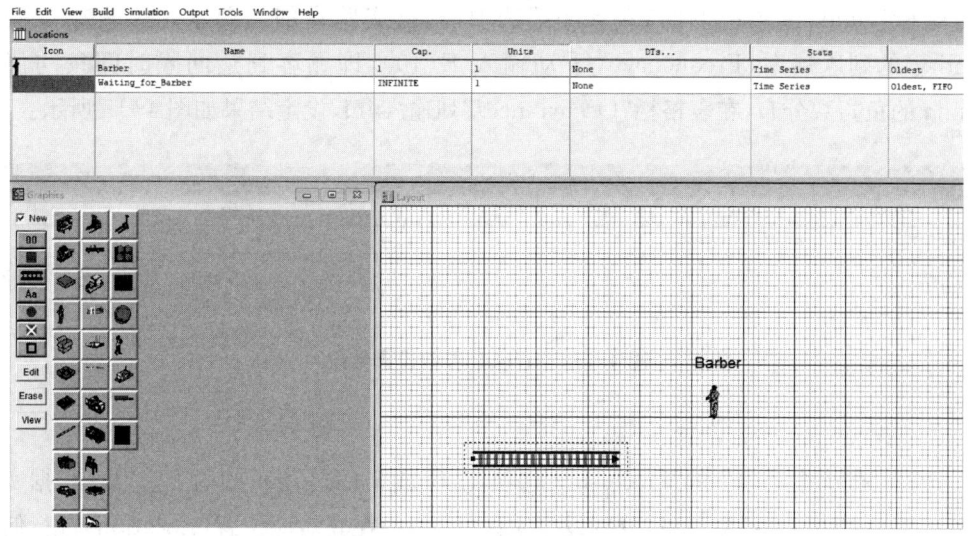

图 4-13 Locations 参数设置结果

② Entities 参数设置

选择"build"主菜单下的"Entities"选项,在打开的"Entities"窗口中,定义流动实体

"Customer"名称,在"Entity Graphics"窗口选择合适的图标按钮,"Layout"窗口将显示 Customer 的图标。设置结果如图 4-14 所示,图中实体可以是各种原材料、成品、顾客等,可根据建模实体类型,选择相应的建模图标。

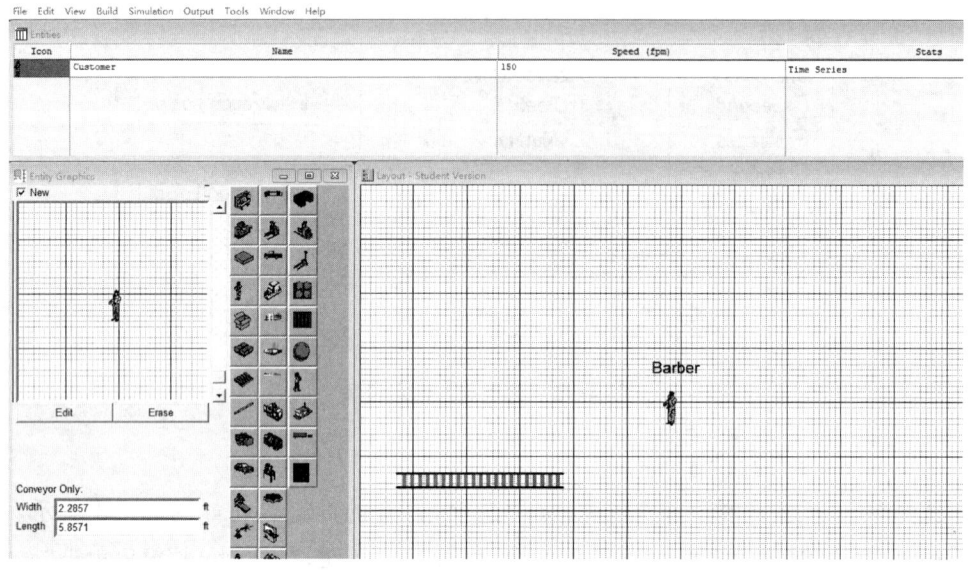

图 4-14　Entities 参数设置结果

③ Arrivals 参数设置

选择"build"主菜单下的"Arrivals"选项,根据实验目的与要求定义表格中实体(Entity)的到达频率(Frequency),手动输入 E(10),即顾客到达间隔时间按均值为 10 min 的负指数分布,在表格栏"Occurrences"列输入 inf,设定结果如图 4-15 所示。

图 4-15　Arrivals 参数设置结果

④ Processing 参数设置

选择"build"主菜单下的"Processing"选项,出现如图 4-16 所示的两个窗口。根据实验任务流程,在"Process"窗口里,分别设定实体(Entity)在其对应位置(Location)进行何种操作(Operation);在"Routing"窗口设置该实体下一个位置(Destination),以及在两个位置之间流动时满足的规则(Rule)和逻辑(Move Logic)等一系列流程信息。

流动实体在各位置上处理逻辑的设定过程如下:单击"Process"窗口中的"Operation"按钮,单击对应的图标,打开"Logic Builder"窗口,如图 4-17 所示。选择

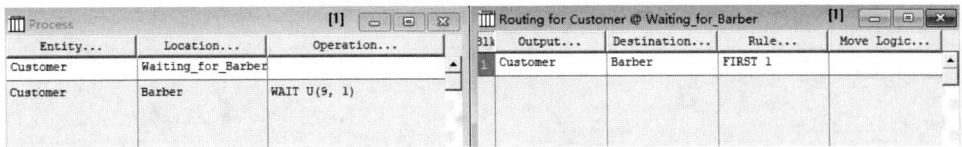

图 4-16 Processing 参数设置

"Wait"指令,单击"Time"按钮,则"Logic Builder"窗口如图 4-18 所示。在该窗口中的"Logic Elements"列表中选择"Distribution Functions"选项,随后在该选项列表中选择"Uniform"选项,则"Logic Builder"窗口如图 4-19 所示。单击该窗口的"Mean"按钮,并输入 9;单击"Half Range"按钮,输入 1,单击"Return"按钮,得到如图 4-20 所示结果。最后,单击"Paste"按钮,完成理发时间随机函数的输入。

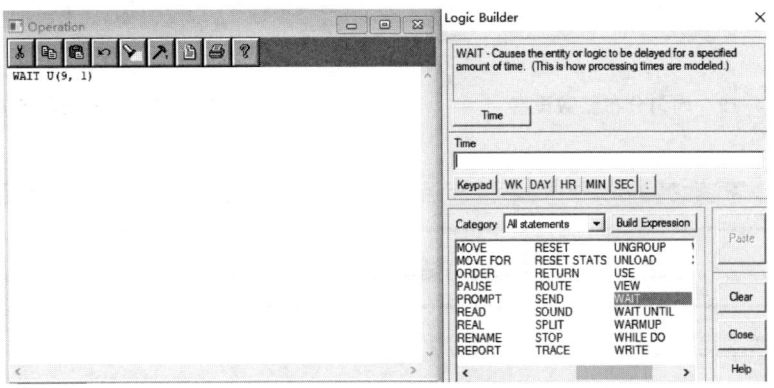

图 4-17 设置处理逻辑

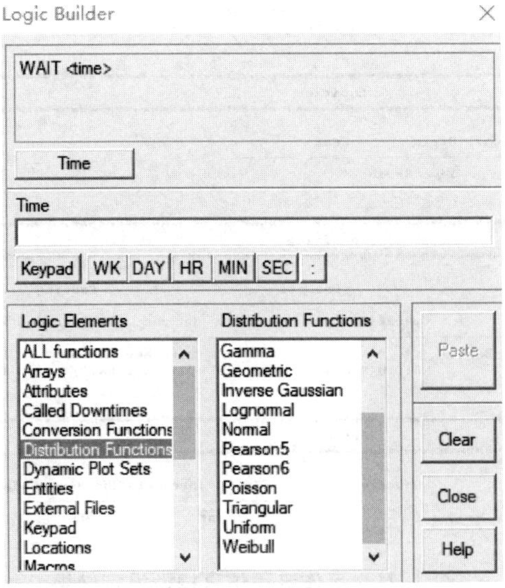

图 4-18 处理逻辑分布函数的设置

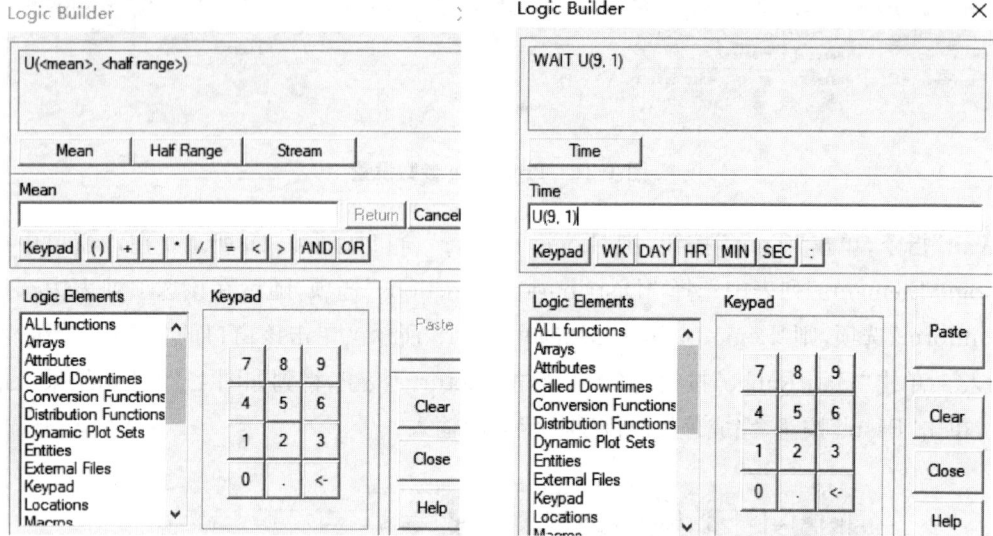

图 4-19　均匀分布函数设置　　　　　图 4-20　处理逻辑设置完成

图 4-21　运作流程仿真模型设定结果

(5) 查看完整的仿真模型。

在 ProModel 主界面,选择"File"主菜单下的"View"选项,得到完整的运作流程仿真模型设定结果,如图 4-21 所示。

检查模型设定结果是否与任务书的要求一致,无误后选择"File"主菜单下的"Save"选项,保存仿真模型。

(6) 理发店运作流程的仿真运算。

① 随机运作系统仿真分析

在 ProModel 软件主界面,选择"Simulation"子菜单"Options"选项,出现如图 4-22 所示的"Simulation Options"对话框。根据实验任务书,选择仿真运行时间和独立运行次数,单击"Run"按钮,仿真模型开始运行。运行结束后,按照系统提示操作,得到如图 4-23 所示的仿真结果,保存仿真结果。

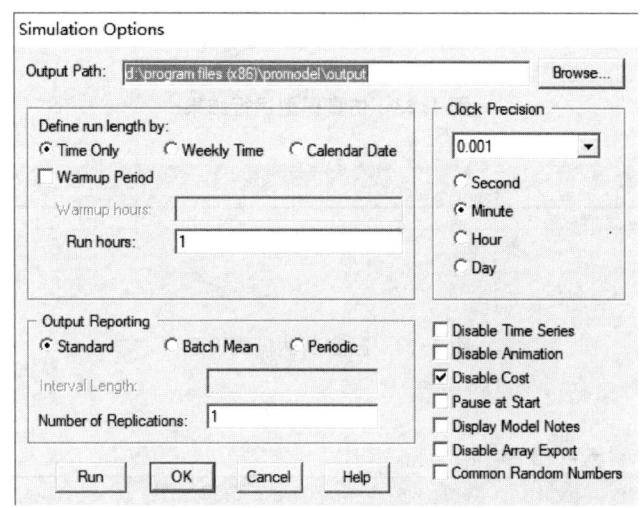

图 4-22 "Simulation Options"对话框

② 确定性运作系统仿真分析

确定性运作系统中顾客到店的时间是确定不变的,通过"Build"菜单下的"Arrivals"选项来模拟。单击"Build"菜单下的"Arrivals"按钮,弹出如图 4-24 所示的顾客到达模式下的"Arrivals"对话框,将"Frequency"栏数值设为 10。将"Process"对话框中的"Opereation"栏参数设置为"WAIT 9",完成确定性运作模式设置,返回软件主界面。

选择"Simulation"菜单下的"save & run"选项,系统开始运行,仿真模型运行结束后,模型运行结果如图 4-25 所示。

(7) 保存两种运作系统的模型和仿真运行结果。

6. 实验分析及实验报告

(1) 简述实验目的,实验设备及实验内容。

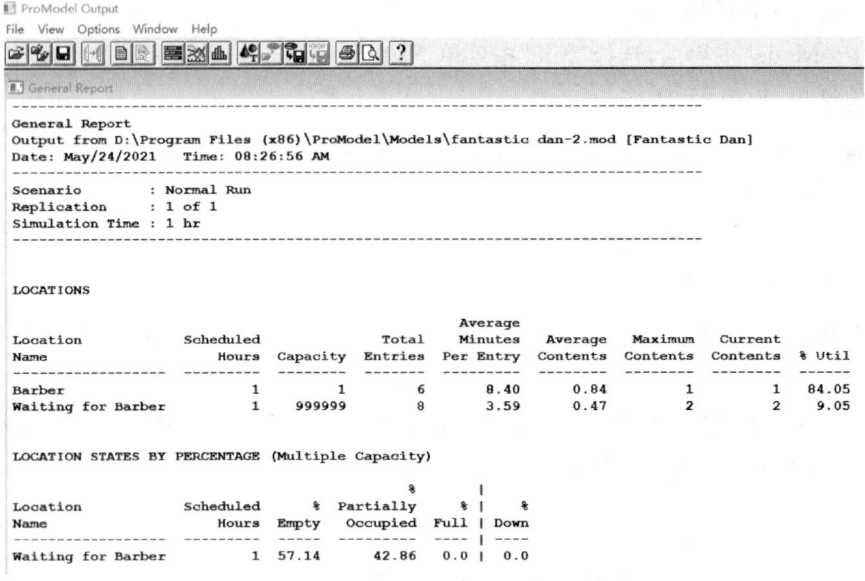

图 4-23　仿真模型运行结果

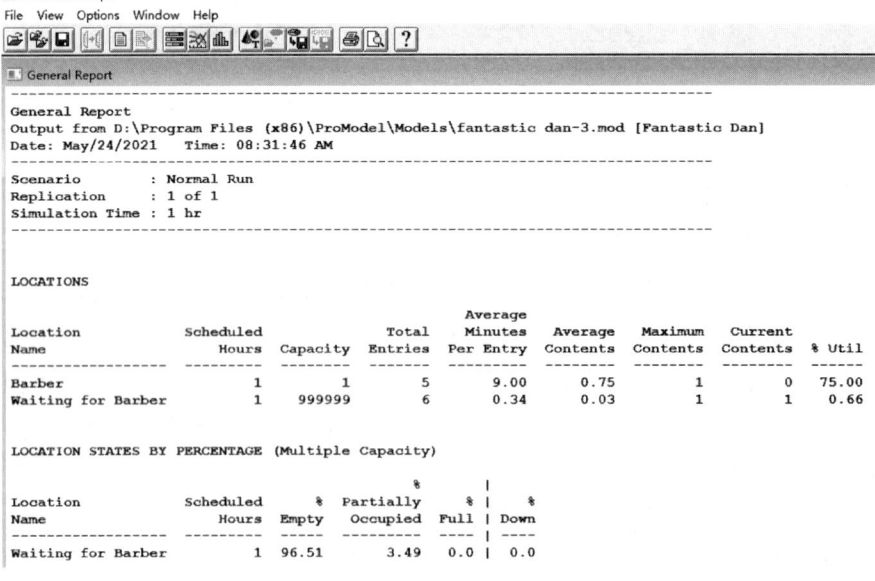

图 4-24　顾客到达模式设定

图 4-25　确定性运作系统仿真结果

(2) 提交两种运作系统的模型文件。

(3) 记录两种运作系统的运行结果,包括:该理发店平均每天能够接待和服务的顾客人数,在理发店里排队等候服务的平均顾客人数,在理发店里排队等候服务的最大顾客人数,顾客在理发店里排队等候服务的平均时间及顾客在理发店里逗留的平均时间等。

(4) 使用 Excel 软件,生成两种运作模型的运行结果,并对运行结果进行对比分析。

7. 思考题

(1) 比较两种运作仿真模型的运行结果,能得到什么结论?

(2) 结合本实验,仿真软件在分析具有随机性的复杂运作系统性能时具有什么样的优势?

8. 问题和建议

写出本实验遇到的问题,实验完成后有哪些收获,对本实验有什么意见和进一步改进的建议。

4.7 中断式运作系统仿真分析实验

1. 实验目的与要求

(1) 学会应用系统仿真软件建立中断式运作系统的仿真模型。

(2) 学会中断式运作系统仿真模型的运行时间参数的设定方法。

(3) 体会中断式运作系统仿真模型的运行参数对仿真结果的影响。

2. 实验原理

工业工程领域中,运作系统可分为中断式运作系统和非中断式运作系统。中断式系统的运作通常有明确的开始时间和结束时间。非中断式系统的运作通常没有明确的开始时间和结束时间;或者有结束时间,但会保持当前状态直至下一次开始继续运作。银行、理发店、超市等服务系统是典型的中断式运作系统,而工厂、集装箱码头等制造或物流系统是典型的非中断式运作系统。

对于中断式运作系统(通常带有随机性)的仿真运行分析,通常是通过收集仿真实验结果数据,对该系统的瞬时状态进行统计分析。为了正确有效地得到仿真实验结果,需要分析该中断式系统的实际开始和结束状况以及运作时长,并在仿真模型中设定相应的仿真运行参数,模拟真实的运作系统。同时,要设定合理的模型独立重复运行次数,确保模型运行能够输出足够多的实验结果数据,用于仿真结果的分析。

3. 实验设备

(1) 计算机。

(2) ProModel 软件及其使用说明书。

(3) Excel 软件。

4. 实验准备及实验组织

(1) 实验前,需要熟悉 ProModel 软件的基本组成及各组成部分的功能。

(2) 复习系统仿真的分类及仿真分析方法。

(3) 本实验共需 4 个学时,一次完成。实验每次 8 人,每人一组进行实验。

5. 实验内容及实验步骤

实验以 SM 快餐店为中断式运作的研究对象,学习中断式运作系统的仿真模型的建立方法。快餐店的运作情况如下:

① 快餐店仅提供外带食物。

② 顾客订餐的流程如图 4-26 所示。

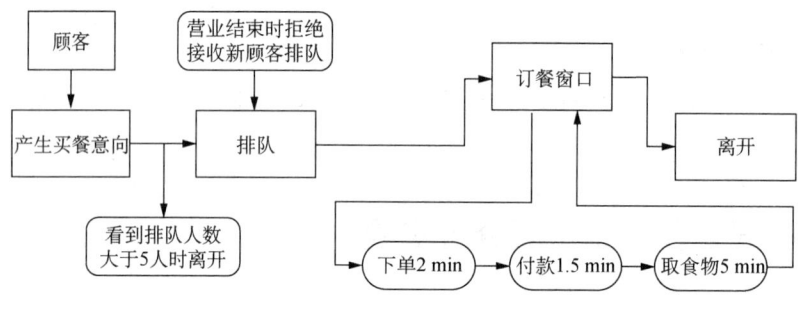

图 4-26 顾客订餐流程

③ 排队区域容纳 5 名顾客,排队人数已达到 5 人,就会去其他餐馆就餐。

④ 快餐店每天营业 8 h,营业结束时不再接受顾客排队,当服务完所有排队的顾客后打烊。

具体实验步骤如下。

(1) 定义仿真模型参数

根据给出的实验任务,建立任务对象与仿真建模元素的对应关系,确定各元素的参数,绘制如表 4-14 所示的仿真模型参数定义表。对于中断式运作系统,仿真模型中需要增加设定两个全局变量,用于记录每天到达餐馆的顾客平均数量,以及餐馆每天完成接待的顾客平均数量。

表 4-14 仿真模型参数定义

要素	实体名称	仿真建模元素
顾客	Customer	Entity
入口	Entry	Location
排队队列	Order_Q	Location
订餐窗口	Order_Clerk	Location
顾客到达方式	无,需要用表格定义	Arrival
订餐作业流程	无,需要用表格定义	Processing

(2) 模型基本信息的设定

打开 ProModel 软件,在 ProModel 软件主界面中,单击"File"主菜单下的"New"选项,建立一个名为"Quick meal"的模型文件。根据运作对象的性质,参考简单运作系统模型基本信息设置方法,完成新模型基本信息的设定。

(3) 模型元素参数设置

根据表 4-14 中的基本信息,逐一设定"Entities""Locations""Arrivals"和"Processing"选项的参数。在"Build"菜单下的"Variables(global)"选项中,添加"Processed"和"Arrivals"两个全局变量,并保存模型。

(4) 餐馆运作起始状态分析及模型运行参数设置

根据运作系统的描述,一般情况下,餐馆开始营业时没有顾客,快餐店服务员空闲,因此,其运作开始时应保持一个全空的状态,即仿真模型中默认起始状态为全空。快餐店运作结束的设置条件为:

① 快餐店已达到营业结束时间时,不再接收顾客排队。

② 当服务完所有已排队的顾客后,快餐店正式停止运作。

根据上述两个结束条件,设置如图 4-27 和图 4-28 所示的相关函数。

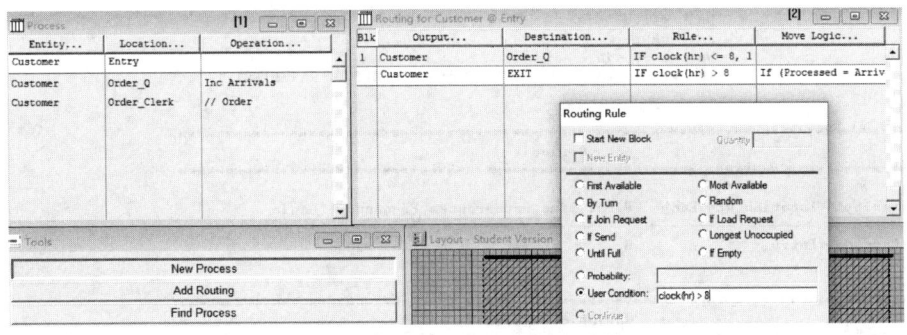

图 4-27　快餐店运作结束逻辑设置 1

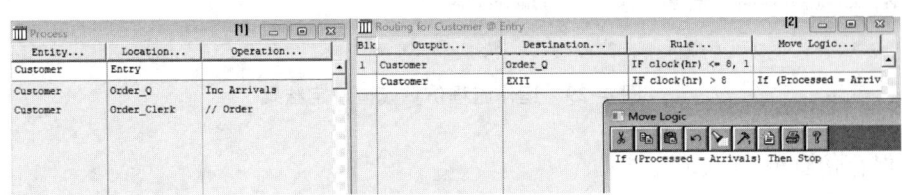

图 4-28　快餐店运作结束逻辑设置 2

(5) 查看完整的仿真模型

在 ProModel 主界面,单击"File"主菜单下的"View"选项,输出如图 4-29 所示的运作流程仿真模型设定结果。

检查该输出结果与表 4-14 中的参数是否一致,无误后单击"File"主菜单下的"Save"

```
View Text (Quick Meal.MOD)

************************************************************
*                         Locations                         *
************************************************************

Name          Cap Units Stats    Rules          Cost
----          --- ----- -----    -----          ----
Entry          1   1    None     Oldest, ,
Order_Q        4   1    None     Oldest, FIFO,
Order_Clerk    1   1    None     Oldest, ,


************************************************************
*                         Entities                          *
************************************************************

Name      Speed (fpm)  Stats    Cost
----      -----------  -----    ----
Customer     150       None


************************************************************
*                         Processing                        *
************************************************************

                 Process                          Routing
Entity   Location    Operation           Blk  Output   Destination   Rule              Move Logi
------   --------    ---------           ---  ------   -----------   ----              ---------
Customer Entry                            1   Customer Order_Q       IF clock(hr) <= 8, 1
                                              Customer EXIT          IF clock(hr) > 8   If (Proce
Customer Order_Q     Inc Arrivals         1   Customer Order_Clerk   FIRST 1
Customer Order_Clerk // Order
                     Wait e(2) min
                     // Pay
                     Wait e(1.5) min
                     // Pickup
                     Wait e(5) min
                     Inc Processed        1   Customer EXIT          FIRST 1


************************************************************
*                         Arrivals                          *
************************************************************

Entity    Location Qty Each  First Time Occurrences Frequency  Logic
------    -------- -------   ---------- ----------- ---------  -----
Customer  Entry    1         0          inf         E(6) min


************************************************************
*                     Variables (global)                    *
************************************************************

ID         Type      Initial value  Stats
--         ----      -------------  -----
Arrivals   Integer   0              None
Processed  Integer   0              Time Series
```

图 4-29 运作流程仿真模型设定结果

选项,保存仿真模型。

(6) 运作系统仿真分析

① 仿真模型运行参数设置。

选择"Simulation"菜单中的"Options"选项,打开"Simulation Options"对话框,设置如图 4-30 所示的参数。

② 运作系统仿真运行。

单击"Simulation Options"对话框中的"Run"按钮,运行仿真模型。运行结束后,在弹出

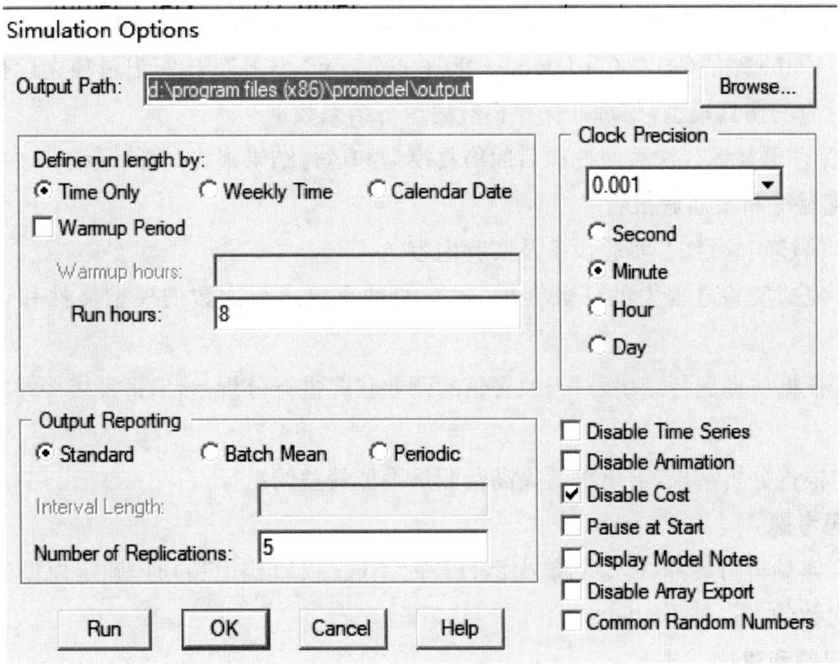

图 4-30　仿真选项设置

的“General Report Type”对话框中，设定区间置信水平为 90%，设定运行显示结果，包括“Average (Mean)”“Standard Deviation”和“Min-Max”。单击“General Report Type”对话框中的“OK”按钮，呈现如图 4-31 所示的模型运行结果报告。

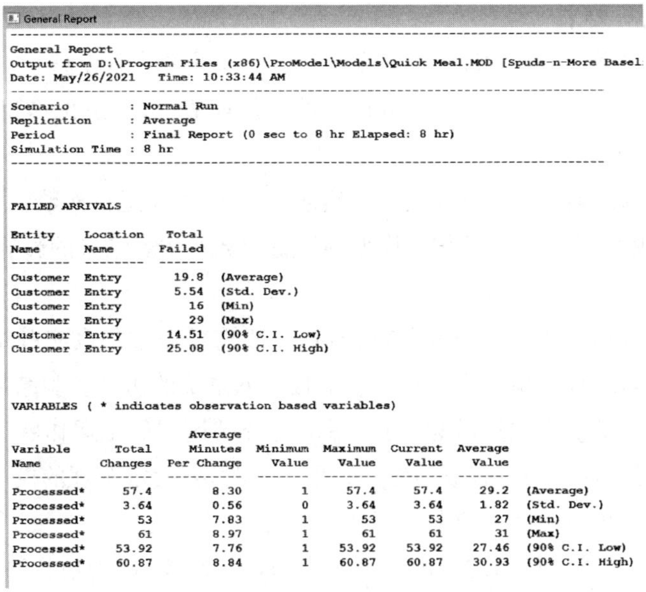

```
General Report
--------------------------------------------------------------------------------
General Report
Output from D:\Program Files (x86)\ProModel\Models\Quick Meal.MOD [Spuds-n-More Basel
Date: May/26/2021   Time: 10:33:44 AM
--------------------------------------------------------------------------------
Scenario        : Normal Run
Replication     : Average
Period          : Final Report (0 sec to 8 hr Elapsed: 8 hr)
Simulation Time : 8 hr
--------------------------------------------------------------------------------


FAILED ARRIVALS

Entity    Location   Total
Name      Name       Failed
--------  --------   ------
Customer  Entry        19.8  (Average)
Customer  Entry        5.54  (Std. Dev.)
Customer  Entry          16  (Min)
Customer  Entry          29  (Max)
Customer  Entry       14.51  (90% C.I. Low)
Customer  Entry       25.08  (90% C.I. High)


VARIABLES ( * indicates observation based variables)

                          Average
Variable       Total      Minutes   Minimum  Maximum  Current  Average
Name          Changes  Per Change     Value    Value    Value    Value
----------    -------  ----------   -------  -------  -------  -------
Processed*       57.4        8.30         1     57.4     57.4     29.2  (Average)
Processed*       3.64        0.56         0     3.64     3.64     1.82  (Std. Dev.)
Processed*         53        7.83         1       53       53       27  (Min)
Processed*         61        8.97         1       61       61       31  (Max)
Processed*      53.92        7.76         1    53.92    53.92    27.46  (90% C.I. Low)
Processed*      60.87        8.84         1    60.87    60.87    30.93  (90% C.I. High)
```

图 4-31　仿真模型运行结果

③ 在现有模型中，逐步增加模型独立重复运行的次数，直至在图 4-31 中观察到 Average Value 差值（90% C.I.High — 90% C.I.Low）小于等于 2，记录独立运行的最终次数及对应的仿真模型，整理并保存相应的运行结果数据。

④ 保存重复运行次数改变前后的仿真模型和运行结果报告，关闭系统。

6. 实验分析及实验报告

（1）简述实验目的，实验设备及实验内容。

（2）完成实验过程中的任务表格，提交两种重复运行次数的模型文件和运行结果文件。

（3）根据仿真运行结果，对当前餐馆的营业状况进行分析，给出每日接待顾客数的合理范围。

（4）根据分析结果，给出餐馆提高营业量增加效益的途径。

7. 思考题

结合实验进行解释，模型的单次运行耗时不同（很短或很长）时，确定模型的独立重复运行次数的方式是否相同？

8. 问题和建议

写出本实验遇到的问题，实验完成后有哪些收获，对本实验有什么意见和进一步改进的建议。

4.8 非中断式运作系统仿真实验

1. 实验目的与要求

（1）学会应用系统仿真软件建立非中断式运作系统的仿真模型。

（2）领会非中断式系统仿真运行分析中的预热期概念，以及预热期的设定对仿真运行输出结果分析的影响。

（3）初步学会正确设定仿真模型的预热期、运行时长及运行次数。

（4）体会非中断式运作系统仿真模型的运行参数对仿真结果的影响。

2. 实验原理

对于非中断式运作系统的仿真运行分析，一般需要通过仿真实验结果数据，对该系统的稳定状态进行统计分析。为了获得稳定状态下系统的仿真实验结果数据，在仿真模型中设定与之对应的仿真预热，识别仿真系统是否已达到稳定运作状态，以排除非稳定状态下的仿真数据，获得稳定有效的仿真数据。同时，要设定合理的模型运行时长，以确保模型运行能够输出足够多的稳态仿真结果数据。

图 4-32 所示是仿真模型的输出均值时序图，记录了输出均值从仿真模型时刻 0 开始到某时刻结束，整个过程仿真结果的变化。由图 4-32 可以看出，WIP 曲线从 0 时刻开始后，曲线急速上升，当到达时间点 a 时，输出曲线逐步稳定，在一定的区间内小幅波动。

定义 a 点时刻为模型的稳定点,a 点之后为系统的稳定期,模型预测结果有效。一般取模型的预热期值大于 a 值。

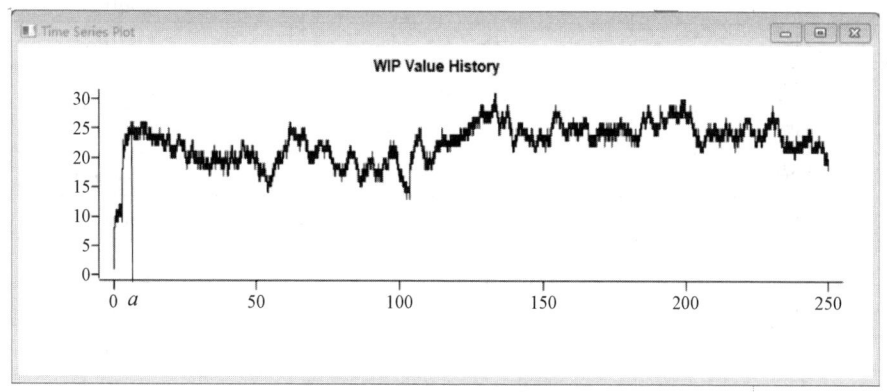

图 4-32　模型输出均值时序图

3. 实验设备

(1) 计算机。

(2) ProModel 软件及其使用说明书。

(3) Excel 软件。

4. 实验准备及实验组织

(1) 实验前,需要熟悉 ProModel 的基本组成及各组成部分的功能。

(2) 复习系统仿真的分类及仿真分析方法。

(3) 本实验共需 4 学时,一次完成。每次实验 8 人,每人一组进行实验。

5. 实验内容及实验步骤

某机械制造企业,承接某零件的加工,零件的加工流程如下:

① 零件通过四道加工工序,完成加工任务。

② 固定间隔 1.175 min 有一个加工任务进入加工车间。

③ 每道加工工序配置 1 台作业机器。

④ 每个加工工位有充足的储存空间。

根据上述企业的加工能力和空间配置条件,建立仿真分析模型,利用仿真分析结果,评估该制造企业的平均在制品水平。具体实验步骤如下。

(1) 定义仿真模型参数。

根据给出的实验任务,建立任务对象与仿真元素的对应关系,确定各元素的参数,绘制如表 4-15 所示的仿真模型参数定义表。对于非中断运作系统,需增加 WIP 的变量(Variable)建模元素,描述实际运作系统中的每小时在制品数量,用于设置后续模型运行的预热期。

表 4-15 制造企业仿真模型参数定义

要素	实体名称	仿真建模元素
零件	Job	Entity
货板 1	Pallet1	Location
机器 1	Machining1	Location
货板 2	Pallet2	Location
机器 2	Machining2	Location
货板 3	Pallet3	Location
机器 3	Machining3	Location
货板 4	Pallet4	Location
机器 4	Machining4	Location
零件到达方式	无,需要用表格定义	Arrival
加工作业流程	无,需要用表格定义	Processing
每小时在制品数量	WIP	Variable

(2) 模型基本信息的设定。

打开 ProModel 软件,在 ProModel 软件主界面中,单击"File"主菜单下的"New"选项,建立一个模型文件。根据运作对象的性质,参考简单运作系统模型基本信息设置方法,完成新模型基本信息的设定。

(3) 模型元素参数设置。

根据表 4-15 中的基本信息,参考简单运作系统模型参数设置的方法,在如图 4-33 所示的 ProModel 主界面,分别通过"Build"主菜单的"Entities""Locations""Arrivals""Processing"和"Variable"等选项,对表 4-15 中的所有参数进行设定,单击"File"主菜单下的"Save"选项保存模型。

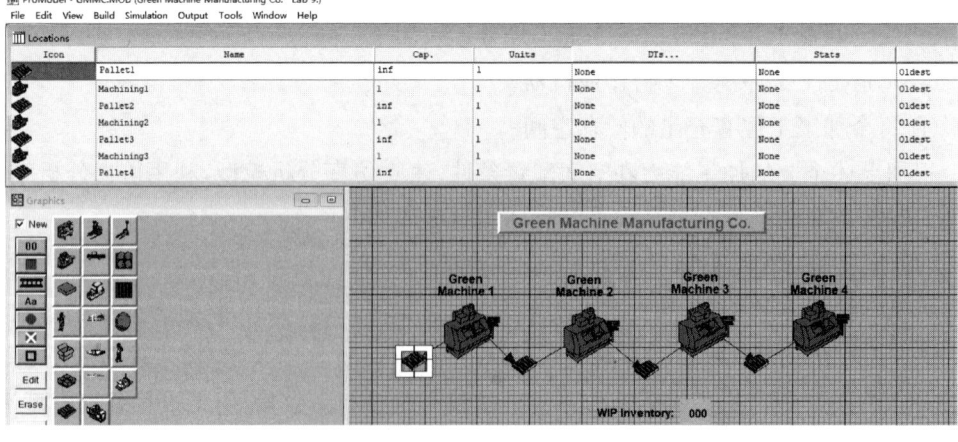

图 4-33 模型元素参数设置界面

(4) 输出完整仿真模型。

在 ProModel 主界面，单击"File"主菜单下的"View Text"选项，得到如图 4-34 所示的运作流程仿真模型设定结果。

检查如图 4-34 所示的模型参数设定输出结果与表 4-15 中的参数是否一致，无误后单击"File"主菜单下的 "Save"选项，保存仿真模型。

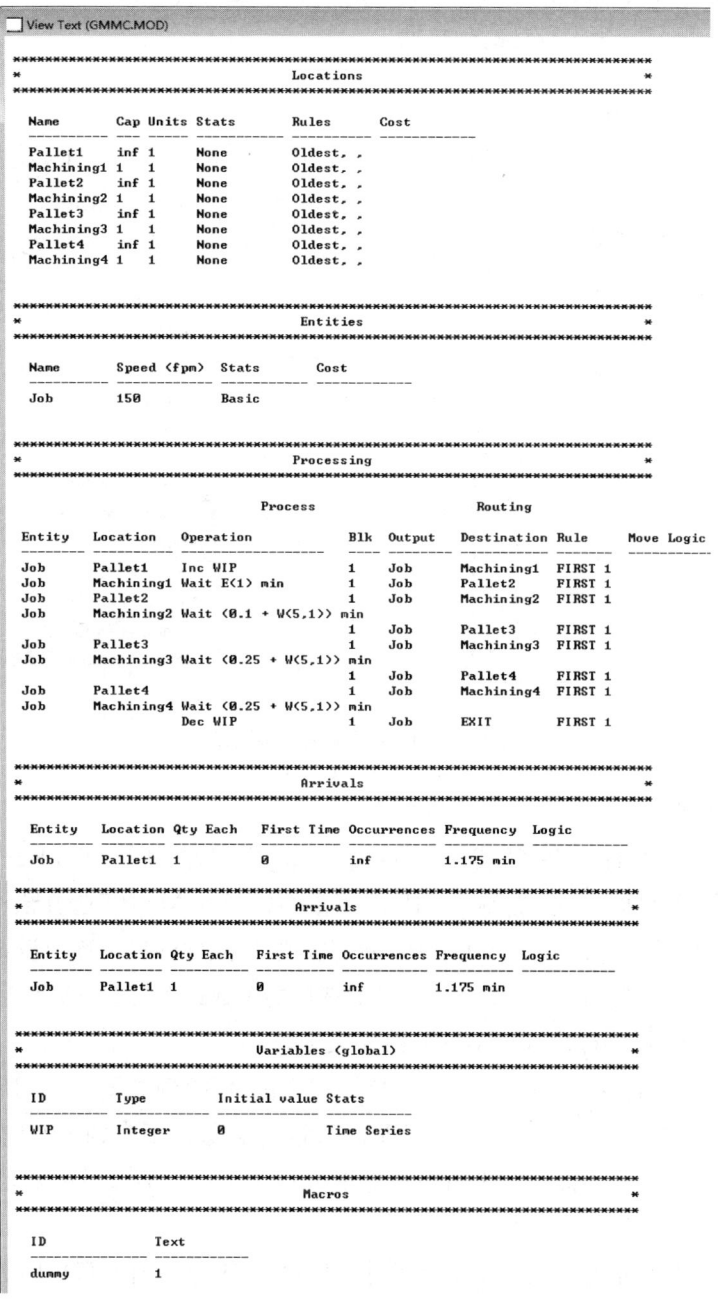

图 4-34 制造企业生产仿真模型参数设定

(5) 运作系统仿真分析。

① 仿真模型运行参数设置

在"Simulation Options"对话框(图 4-35)中,设定输出路径(Output Path)、运行时间(Run hours)、预热期(Warmup Period)、时钟精度(Clock Precision)、输出报表选项(Output Reporting)和重复运行次数(Number of Replications)等参数。上述参数中,预热期和重复运行次数对模型仿真数据的稳定和有效性具有较大的影响,利用 ProModel 中"SimRunner"模块,确定模型的预热期。

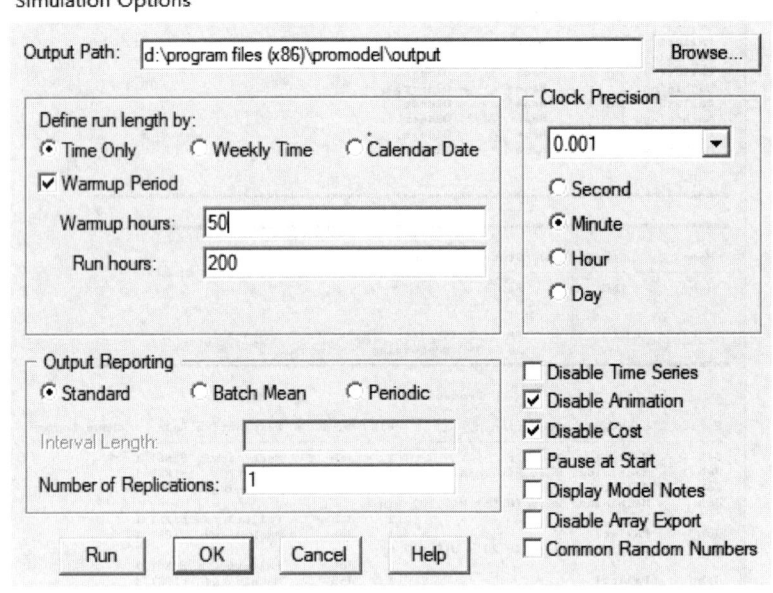

图 4-35　仿真模型运行参数设定

② 预热期的确定

在 ProModel 软件主界面,选择"Simulation"主菜单中的"SimRunner"选项,在如图 4-36 所示的界面中,通过"Setup Project"和"Analyze Model"选项导入仿真模型,进行模型分析参数的设定。单击"Setup Project"选项,按照软件提示逐项设置,单击"next"按钮,完成设置;同理,完成"Analyze Model"选项的参数设置(图 4-37),注意,其中试验次数(Number of test replications)的数值 n 大于 5。

参数设置完成后,单击图 4-37 中的"Next"按钮,可得到如图 4-38 所示结果,单击"Run"按钮进行分析,分析完成后,得到 n 次运行中的每一小时的 WIP 值的时序变化图。调整图 4-38 所示界面中的平滑窗口宽度(Moving Avg Window)数值,将时序图曲线进一步平滑,以便观察预热期。

分析图 4-38 所示的预热期测试结果,按照实验原理中给出的预热期的确定方法,确定模型的预热期值 a,并记录。

第 4 章 规划与设计类实验

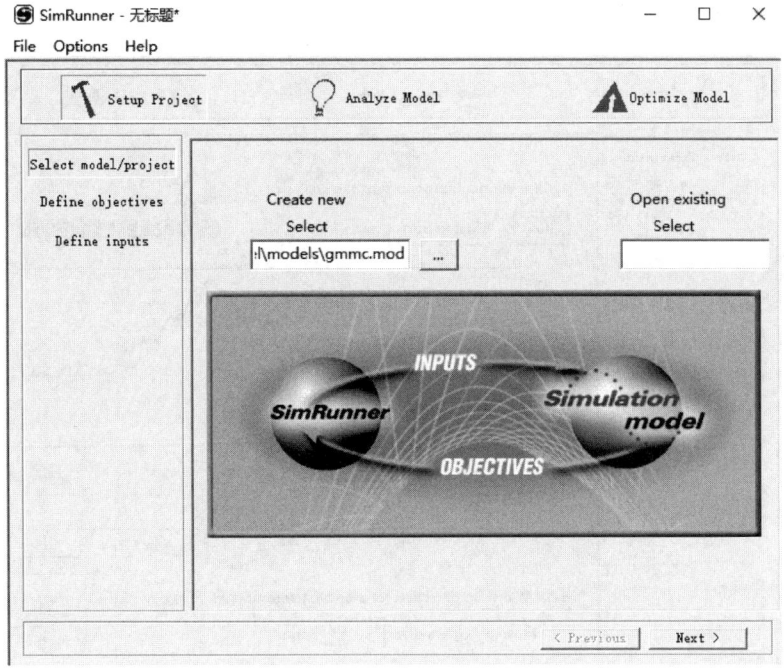

图 4-36　SimRunner 仿真模型导入界面

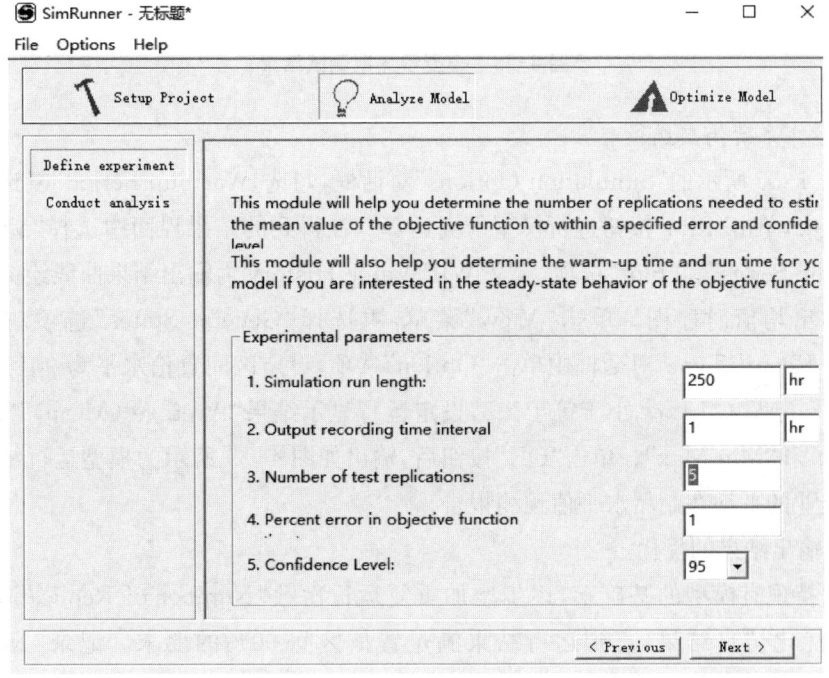

图 4-37　模型分析参数设定界面

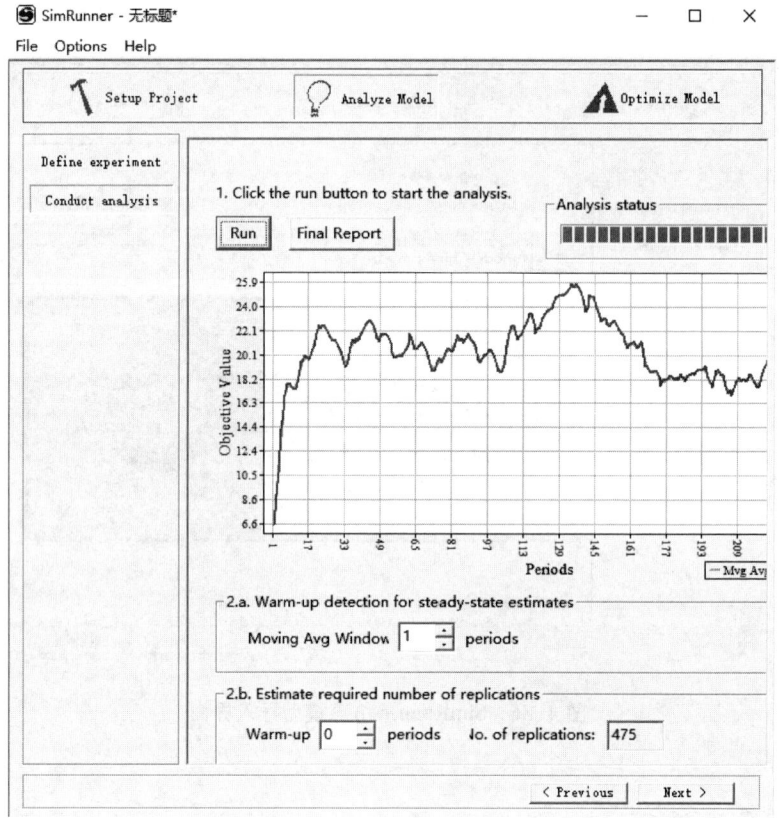

图 4-38　模型预热期测试结果

③ 运作系统仿真运行

在图 4-35 所示的"Simulation Options"对话框中,勾选"Warmup Period"复选框,输入预热期值 a,单击"Run"按钮进行模型仿真运算。在得到的结果界面中选择"View"菜单下的"Time Series"和"Plot"选项,定义 WIP Value History 为输出结果曲线绘图表头,得到模型输出均值时序图。单击"View"菜单,再选择"General States"选项,在弹出的"General Report Type"对话框中单击"Option"选项,设定区间置信水平为 90%,使 90% C.I.High－90% C.I.Low 小于等于 2.5,设定运行显示结果"Average(Mean)""Standard Deviation"和"Min-Max"。单击"OK"按钮后,输出如图 4-39 所示的模型运行结果报告,即运作企业的平均在制品水平值预测报告。

(6) 输出结果的优化。

在保持现有模型的基础上,逐步增加重复运行次数"Number of Replications"的数值,不断优化仿真结果,直到运行结果满足置信区间 90% 的要求。记录"Number of Replications"的数值。

(7) 保存初始和最终重复运行次数的仿真模型和运行结果报告,关闭系统。

```
Entity    In Move   Wait For              %         %
Name      Logic     Res, etc.    In Operation  Blocked
------    -------   ---------    ------------  -------
Job       0.0       0.0          16.56         83.44    (Average)
Job       0.0       0.0           3.07          3.07    (Std. Dev.)
Job       0.0       0.0          12.48         78.88    (Min)
Job       0.0       0.0          21.12         87.52    (Max)
Job       0.0       0.0          13.64         80.51    (90% C.I. Low)
Job       0.0       0.0          19.49         86.36    (90% C.I. High)


VARIABLES

                    Average
Variable   Total    Minutes     Minimum   Maximum   Current   Average
Name       Changes  Per Change  Value     Value     Value     Value
--------   -------  ----------  -------   -------   -------   -------
WIP        20425.8  0.58        12.6      35.4      18.6      23.04    (Average)
WIP            5.76 0.0          5.02      6.10      4.15      4.34    (Std. Dev.)
WIP        20418    0.58         8        28        14        17.54    (Min)
WIP        20434    0.58        21        42        24        29.71    (Max)
WIP        20420.3  0.58         7.80     29.57     14.63     18.90    (90% C.I. Low)
WIP        20431.3  0.58        17.39     41.22     22.56     27.18    (90% C.I. High)
```

图 4-39　仿真模型正式运行的结果

6. 实验分析及实验报告

(1) 简述实验目的,实验设备及实验内容。

(2) 完成实验过程中的任务表格,提交初始和最终重复运行次数的模型文件和运行结果文件。

(3) 分析仿真运行结果,给出企业每天加工任务的合理范围。

(4) 对该企业的加工能力进行评价。

7. 思考题

(1) 保持现有模型内容不变,将其运行时长从 150 h 增加至 250 h,是否会对系统 WIP 数据收集和分析造成本质上的影响,为什么?

(2) 如果想获得 WIP 均值的 95% 置信区间,且其波动误差小于 3%,需要增加还是减少模型独立重复运行的次数? 试从理论角度分析,并用实验验证。

8. 问题和建议

写出本实验遇到的问题,实验完成后有哪些收获,对本实验有什么意见和进一步改进的建议。

第 5 章　管理与控制类实验

管理与控制类实验主要围绕生产计划与控制、项目管理、质量管理、管理信息系统等课程的知识点设计实验项目。

生产计划与控制课程主要知识点有：综合生产计划、主生产计划、库存分析与控制、物料需求计划、能力计划、车间作业计划与控制方法等。

项目管理课程主要知识点有：项目生命周期与组织机构、项目管理过程、项目综合管理、项目范围管理、项目时间管理、项目费用管理、项目质量管理、项目人力资源管理、项目沟通管理、项目风险管理以及项目采购管理等。

质量管理课程主要知识点有：产品生产过程的质量管理、质量统计分析与控制、质量检验、抽样检验、质量经济性分析、质量成本及 6σ 管理等。

管理信息系统课程主要知识点有：管理信息系统的基本知识和结构、开发方法、需求分析、系统设计、系统实施以及运行维护与系统评价等。

5.1　生产能力测定与平衡实验

1. 实验目的与要求

（1）理解生产能力测定与平衡的概念和目的。

（2）了解企业生产能力测定与平衡常用的方法。

（3）掌握常用的生产能力测定与平衡的方法，会对企业车间设备的生产能力进行测定和平衡。

2. 实验原理

（1）生产能力测定的概念

生产能力测定是指对企业、车间、工段或小组在一定时间内的生产能力进行计算和确定的过程。其目的在于摸清企业现有生产能力的技术和组织，为克服生产中的薄弱环节提供依据，以便挖掘潜力和提高生产能力，完成或超额完成任务。

（2）生产能力测定的方法

生产能力测定的方法与生产规模密切相关，通常生产规模不同，所采用的生产组织方式也不同。

对于大批量生产模式，通常按照产品原则组织生产，采用流水线、自动线的生产设备组织方式进行生产，生产能力一般是根据工厂生产计划的需要预先规定。先根据生产大计划计算生产流水线的节拍,再根据节拍时间,计算设备需要量和设备负荷。因此,按流水线组织大量生产的企业,其生产能力的核算需要按每条流水线的生产能力进行。

对于小批量生产模式,各个生产环节的生产能力通常按设备组来计算。构成设备组的基本条件是其在生产上具有一定的通用性,也就是设备组中的任何设备具备相近的加工能力和加工性能,能够完成分配给该设备组的加工工序中任何的相同工序作业,并能够达到规定的质量标准。对于这种按照设备组来组织生产的生产企业,为了提高生产的管理水平,在不增加资金投入的情况下提高企业的效益,进行生产能力测定是一种有效的办法。

生产能力测定一般由基层开始自下而上来进行。即先计算各设备组的生产能力,然后进行综合平衡,得到某车间的生产能力,以此类推,再根据各车间的生产能力综合平衡计算企业的生产能力。生产能力的计算通常以实物指标作为计量单位进行,常见的实物计量单位有具体产品、代表产品和假定产品三种。企业一般根据生产产品的特点,选用不同的计量单位来测定生产能力。

① 具体产品法

具体产品法适用于产品品种单一的大批量生产企业。各生产设备一般按照产品原则进行组织,计算设备组生产能力的生产率定额时,用该具体产品的时间定额或生产该产品的产量定额,设备组(车间或企业)生产能力以该具体产品的产量来表示。

② 代表产品法

代表产品法适用于多品种生产的企业。在结构、工艺和劳动量构成相似的产品中,选出具有代表性的产品,以生产代表产品的时间定额和产量定额,来计算设备组的生产能力。一般选取能够代表企业专业方向,在结构工艺方面相似,且总劳动量(即产量与单位劳动量乘积)最大的产品作为代表产品。代表产品与具体产品之间通过换算系数换算,换算系数为具体产品与代表产品的时间定额的比,换算系数 k_i 的计算方法为

$$k_i = \frac{t_i}{t_d} \tag{5-1}$$

式中,t_d——产品的时间定额;

t_i——第 i 个具体产品的时间定额。

第 i 个产品换算成代表产品

$$Q_{i0} = Q_0 k_i \tag{5-2}$$

式中,Q_0——产品的产量;

Q_{i0}——第 i 个具体产品换算成代表产品的产量。

③ 假定产品法

在产品品种数较多,各种产品的结构、工艺和劳动量构成差别较大的情况下,很难确定哪个产品作为代表产品。此时,可用假定产品作为计量单位。假定产品是由各种产品按其总劳动量比重构成的一种假想产品,其时间定额是通过各具体产品的时间定额和相

应劳动量的比重,采用综合平衡的方法来确定的。综合平衡依据主要设备组(即完成劳动量比重最大或贵重而无代用设备的设备组)的生产能力,生产能力不足的设备组与富裕组平衡,利用富裕环节的能力来补偿薄弱环节,或者采用加班加点的方法,有条件的话也可采用增加设备的方式来消除薄弱环节,从而提高整个加工车间的生产能力。

3. 实验设备

(1) 企业生产设备及生产计划资料。

(2) 计算机。

(3) Office 软件。

4. 实验准备及实验组织

实验前,需要预习实验中涉及的生产计划与控制课程中的相关理论知识,熟悉 Office 软件相关模块的使用方法。本实验共需 2 学时,一次完成,实验以数人一组进行。

5. 实验内容及实验步骤

某机械加工车间生产 A、B、C、D 四种产品,生产中影响产能的主要工序为车削加工和铣削加工。各种产品在机械加工车间加工的计划台时定额、加工设备的数量等需求信息见表 5-1。机械设备加工能力信息见表 5-2。分别采用代表产品法和假定产品法计算车床和铣床的生产能力,综合平衡设备的加工能力,测定该机械加工车间的生产能力。具体实验步骤如下。

表 5-1　产品加工需求信息

产品种类	计划产量(台)	车床定额(h/台)	铣床定额(h/台)
A	100	200	100
B	80	250	80
C	150	100	75
D	170	50	50

表 5-2　机械设备加工能力信息

设备种类	数量(台)	每天班次	每班时间(h)	年工作时间(d)	设备停修率
车床	15	2	8	306	10%
铣床	10	1	8	306	10%

(1) 计算生产产品所需的总工时。

根据表 5-1 中四类产品的计划台时定额,分别计算生产四种产品所需车削加工和铣削加工的总工时。

(2) 采用代表产品法进行生产能力平衡与测定计算。

分析该企业产品的特点和生产规模,从四类产品中选择一种作为代表产品,分别计算车床(表 5-3)和铣床(表 5-4)的生产能力。根据计算结果,应用代表产品法对生产能力进行综合平衡,确定该企业机械加工车间的生产能力。

表 5-3 代表产品法车床年生产能力平衡

产品种类	A	B	C	D
计划产量 Q_i	100	80	150	170
产品台时定额 t_i(h/台)	200	250	100	50
换算系数 k_i				
代表产品转化产量 Q_{i0}				
总产量比重 m_i				
代表产品生产能力 M(h/年)				
具体产品生产能力 M_{i0}(台/年)				

表 5-4 代表产品法铣床年生产能力平衡

产品种类	A	B	C	D
计划产量 Q_i	100	80	150	170
台时定额 t_i(h/台)	200	250	100	50
换算系数 k_i				
代表产品转化产量 Q_{i0}				
总产量比重 m_i				
代表产品生产能力 M(h/年)				
具体产品生产能力 M_{i0}(台/年)				

表 5-3 和表 5-4 中,换算系数用式(5-1)计算,代表产品转化产量按式(5-2)计算,其他项目的计算公式如下。

总产量比重

$$m_i = Q_i / \sum_{i=1}^{n} Q_i \tag{5-3}$$

具体产品生产能力

$$M_{i0} = M m_i k_0 / k_i \tag{5-4}$$

(3) 采用假定产品法进行生产能力平衡与测定计算。

分析该企业生产产品的特点和生产规模,分别计算车床和铣床的生产能力,计算并填写表 5-5 和表 5-6 中各参数的值。根据其计算结果,应用假定产品的方法对生产能力进行综合平衡,确定该企业机械加工车间的生产能力。

表 5-5　假定产品法车床年生产能力平衡

产品种类	A	B	C	D
计划产量 Q_i	100	80	150	170
产品台时定额 t_i(h/台)	100	80	75	50
总产量比重 m_i				
假定产品台时定额 t_{i0}(h/台)				
假定产品生产能力 M(台/年)				
各产品生产能力 M_{i0}(台/年)				

表 5-6　假定产品法铣床年生产能力平衡

产品种类	A	B	C	D
计划产量 Q_i	100	80	150	170
产品台时定额 t_i(h/台)	100	80	75	50
总产量比重 m_i				
假定产品台时定额 t_{i0}(h/台)				
假定产品生产能力 M(台/年)				
各产品生产能力 M_{i0}(台/年)				

表 5-5 和表 5-6 中,假定产品台时定额计算公式为

$$t_{i0} = m_i t_i \tag{5-5}$$

其他参数计算方法同代表产品法。

(4) 尝试利用不同的代表产品,测定该企业的生产能力。

6. 实验分析及实验报告

(1) 在实验报告中简述实验内容,列出主要实验设备和实验步骤。
(2) 完成实验中的所有表格内容,并列出表格中数据的详细计算过程。
(3) 根据实验结果,分析该企业的设备生产能力是否能够满足生产需求。
(4) 试根据计算结果和设备的生产能力,对各设备组进行生产平衡。
(5) 完成实验指导书中的思考题。
(6) 简要写出实验心得及实验改进建议。

7. 思考题

(1) 生产能力测定在企业生产计划中有什么作用?
(2) 常见的生产能力测定方法有哪些?选择测定方法时应该考虑哪些因素?

(3) 在一般制造业企业,影响企业生产能力的因素主要有哪些？在不增加资金投入的前提下,如何提高企业的生产能力？

8. 问题和建议

写出本实验遇到的问题,实验完成后有哪些收获,对本实验有什么意见和进一步改进的建议。

5.2　生产线平衡实验

1. 实验目的与要求

(1) 学习产品功能分析与性能分析的方法。
(2) 掌握产品功能结构分解及建立装配关系的方法。
(3) 认识产品装配流水线的作业过程。
(4) 掌握生产线平衡的计算方法,学会设计和实施一个工序平衡的生产线。
(5) 学会应用工作研究和时间研究的方法,对生产线的工序进行改善和优化。

2. 实验原理

生产线平衡是对生产线的全部工序进行负荷分析,通过调整工序间的工作负荷分配,使各工序达到能力平衡的一种技术手段与方法,其最终目的是各作业工序作业时间尽可能相近,消除各种等待时间的浪费现象,提高生产线的整体效率。这种改善工序间能力,使之平衡的方法又称为瓶颈改善。

生产线平衡一般采用工业工程的工作研究和时间研究等技术,通过"5W1H"分析法和"ECRS"原则等,优化生产线的作业流程,改善作业动作,合理设计生产节拍,合理划分作业单元,优化工作站数量,平衡生产线工作,提高生产效率。

3. 实验设备

(1) 生产流水线实验系统。
(2) 计算机主机箱或其他产品。
(3) 影像采集、播放及存储系统。
(4) 装配产品文件及工艺流程文件。
(5) 装配用工具。

4. 实验准备及实验组织

本实验在完成工效学类实验的基础上进行,需要掌握与机械制造工艺和工作研究方法相关的专业基础知识。实验共需 6 学时,每次 2 学时,分 3 次完成。实验以 6～8 人为一组,组成生产线作业小组。小组成员需协同工作,3 次实验具有前后关联性,因此,整个实验过程中小组成员不可改变。

5. 实验内容及实验步骤

本实验研究计算机主机箱的生产线平衡问题。通过分析计算机主机箱的装配工艺流程和工艺文件,合理设计生产节拍,划分作业单元,平衡生产线各工作站的工作。并应用工业工程的工作研究和时间研究等技术,通过"5W1H"分析法和"ECRS"原则,优化作业方法,平衡整个生产线的作业,提高生产线的生产效率。具体实验步骤如下。

(1) 掌握装配流水线的基本组成、工作原理和基本操作

了解实验室生产流水线系统的基本组成,熟练操作设备的开、关及紧急制动等按钮,会调节生产线的运行速度,学会生产线自由运行节拍和强制运行节拍的调节与操作方法等。

(2) 分析产品工艺流程,明确产品的装配关系

根据附录8给出的计算机主机箱的工艺流程,分析并明确产品的装配关系及主要工序。从生产装配关系的角度分析产品结构组成,绘制如图5-1所示的产品装配结构树,并生成计算机主机箱BOM(表5-7)和装配作业顺序(表5-8)。

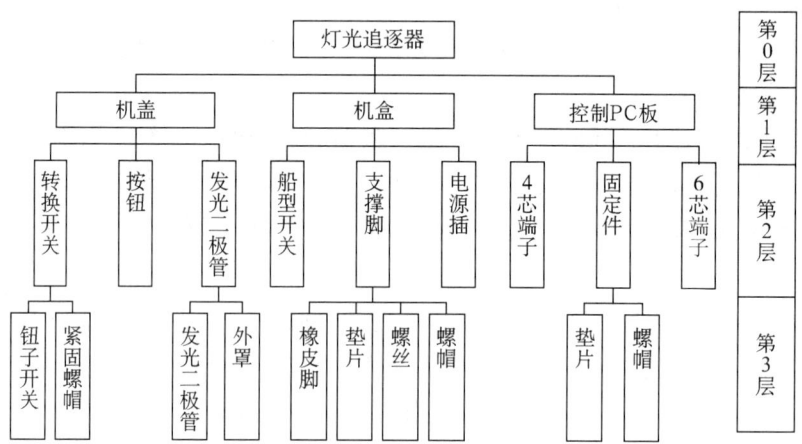

图 5-1 计算机主机箱装配结构树

表 5-7 计算机主机箱 BOM

公司名称			设计者	
产品名称			设计日期	
层次	零件编号	零部件名称	数量	自制/外购

表 5-8　装配作业顺序

基本作业	零件名称	装配说明	紧前作业	作业单元	观测时间	标准作业时间 t_i
1						
2						
3						
4						
5						
6						
7						
8						
9						
10						
11						
12						
13						
…						

（3）模拟计算机主机箱的装配流程,确定装配紧前关系

根据表 5-8,对产品进行反复拆装,明确装配中的基本作业任务,分配各小组同学单元作业任务。开启装配生产线,调整生产线的输送速度,按照表 5-8 的装配顺序,在生产线上模拟装配过程并录像。

根据装配过程中各装配单元的作业任务,确定各基础装配单元的紧前作业关系,填入表 5-8 中,为后续生产线平衡做准备。

（4）确定标准作业方法

观看本组所有影像资料,应用工作方法研究中的基本技术,对作业顺序表中的基本动作进行操作分析和动作分析,形成操作单元的作业顺序,并应用附录 2 的"5W1H"分析方法和"ECRS"原则,对基本作业进行优化改善。作业尽量保留第一类动作,简化第二类动作,除去第三类动作,形成作业单元的标准作业方案和标准作业动作。

（5）确定标准作业时间

观看小组装配流水线的影像资料,分析各作业单元的作业时间,去掉异常值,取多次装配观测时间的平均值,生成基本作业单元的观测时间和标准时间,填入表 5-8 中。标准作业时间为考虑作业任务的难易程度、人的生理需求和工作环境等因素,根据宽放率确定最终的标准作业时间。

(6) 明确生产类型、生产节拍和工作站数

生产类型是按照产品的性质、结构和工艺特点、产品种类、品种变化的程度以及同种产品的数量等,对企业及其生产环节进行的生产分类。不同生产类型,生产组织的形式、管理方式以及技术经济特征不同,最终企业的劳动效率也不同。根据企业的规划和经济条件、产品的特征,合理确定产品的生产类型,争取效益最大化。如表 5-9 所示给出了不同生产类型的工作站上的工序数。

表 5-9 不同生产类型承担的工作站工序数目

工作站生产类型		固定工作站上的工序数
大量生产		1～2
成批生产	大批生产	3～10
	中批生产	11～20
	小批生产	21～40
单件生产	单件生产	>40

根据附录 8 附图 8-1 的装配工艺流程确定生产线的生产类型,计算生产线的生产节拍

$$C = \frac{H}{Q} \tag{5-6}$$

式中,H——每天生产时间(一班为 8 h);

Q——每天在 H 小时内要求的产量。

满足生产节拍要求的最少工作站数按式(4-2)计算。

(7) 分配各工作站的作业,进行装配线平衡

根据生产线的装配流程和生产节拍,在满足装配先后次序限制的条件下,根据各装配单元的标准作业时间,将装配单元的作业任务分配到各工作站,直到该站的工作时间接近节拍时间,并将分配结果填入装配生产线平衡表(表 5-10)中。

表 5-10 计算机主机箱装配生产线平衡

工作站	作业单元	紧前单元	单元时间 t_i	工作站时间 $\sum t_i$ (s)	平衡延迟(s)

(续表)

工作站	作业单元	紧前单元	单元时间 t_i	工作站时间 $\sum t_i$(s)	平衡延迟(s)

(8) 计算装配生产线的效率

$$装配生产线效率 = \frac{完成作业所需的时间总量}{实际工作站数 \times 生产节拍} = \frac{\sum_{i=1}^{n} t_i}{KC} \tag{5-7}$$

式中,K——工作站数;

n——作业单元数。

(9) 分析装配生产线效率,对其进行优化改进

按照表 5-10 在生产流水线上实施平衡后的装配生产全过程,并录制装配生产流程的影像资料。

观看录制的影像资料,分析影响装配作业效率的瓶颈工序,运用工业工程的工作研究和时间研究方法,分析影响装配生产效率的因素,对现有装配的工艺流程程序、工作站布置、操作方法等进行优化改进,并在生产流水线上进行改进方案的实施,录制装配作业过程影像。

(10) 计算改进后的装配生产线效率

观看改进后的装配作业录像,编制改进后的装配作业顺序表,绘制改进后的产品装配先后次序图(图 5-2),平衡改进后的生产线,计算改进方案的装配效率,并与改进前的装配生产线效率进行比较。

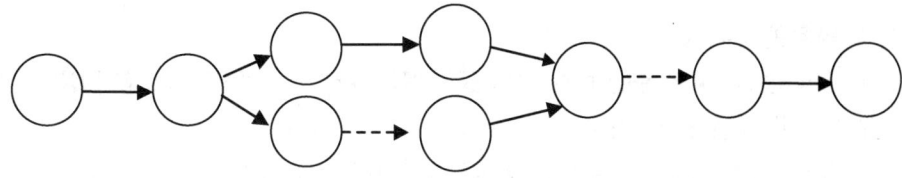

图 5-2 产品装配先后次序

(11) 编制改进后的装配作业方案

根据改进后的装配作业录像,用标准符号和绘图规则,绘制改进后的工艺程序图、工作站布置图、工作站标准作业图和双手操作分析图,形成生产装配线的技术文件。

6. 实验分析及实验报告

(1) 简述实验内容,列出主要实验设备和实验步骤。

(2) 完成原有装配方案的装配结构树、装配流程图等图表。

(3) 绘制改进前后的装配生产线布置图、工作站布置图以及各工作站标准作业图。

(4) 小组成员绘制各自工作站的布置图,包括物料、工具、物料输送方式、人员操作等信息。并对比分析本工作站改进前后的双手操作分析图。

(5) 分析生产线瓶颈产生的原因,给出瓶颈工序的改进途径。

(6) 完成实验指导书中的思考题。

(7) 简要写出实验心得及实验改进建议。

7. 思考题

(1) 什么是瓶颈工序?改善瓶颈工序都有哪些改进方法?

(2) 影响装配效率的因素主要有哪些?优化后的装配线是否有继续优化的可能?

8. 实验教学拓展

随着科学技术的进步与发展,制造已经从个人行为和机器独立完成的简单过程演变成必须由众多制造要素组成的智能制造系统来完成的复杂工程。当制造技术达到一定水平时,管理水平就成为企业提高产品质量、降低生产成本、提升企业市场竞争力的关键。生产线平衡是解决企业人员、资源、信息、设备和能源优化配置,降低企业生产成本的一种有效手段。请利用学校图书馆资源,查阅相关文献,写一篇有关生产线平衡的小论文。

9. 问题和建议

写出本实验遇到的问题,实验完成后有哪些收获,对本实验有什么意见和进一步改进的建议。

5.3 现代物流仓储系统综合实验

1. 实验目的与要求

(1) 了解现代物流系统的主要组成,深入理解现代物流的概念,了解物流、信息流和资金流在现代物流系统中的作用。

(2) 熟悉实验室物流仓储系统的基本构造及其基本功能。

(3) 了解"现代物流仓储一体化管理软件系统"的组成,了解软件各组成模块的主要功用。

(4) 了解物流仓储软件各模块的组成原理及信息处理方法,掌握基本物流业务流程以及信息流在各部门之间的传递过程。

(5) 了解一个小型企业的生产、物料搬运及仓储等各环节的作业流程。

2. 实验原理

现代物流仓储实验系统主要由机械系统、自动控制系统及物流仓储一体化管理软件系统等组成,实验室现有实验系统的总体平面布置如图 5-3 所示。

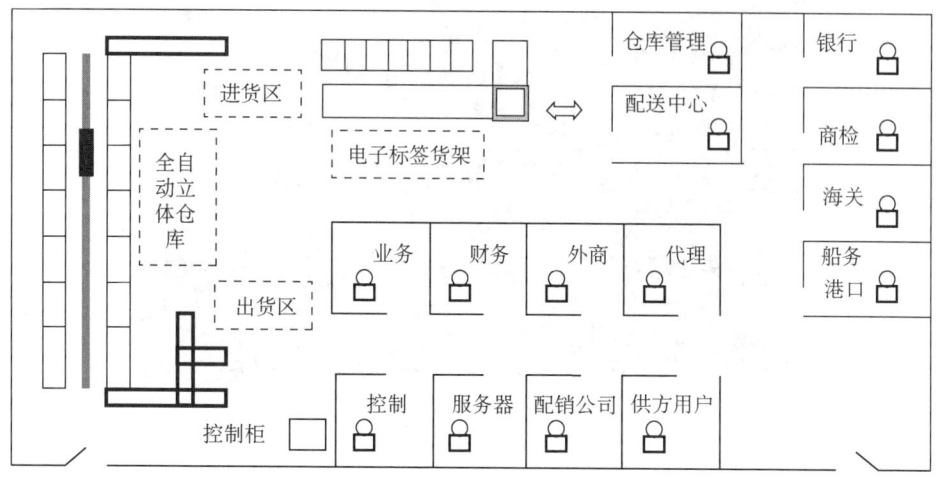

图 5-3　物流仓储实验系统平面布置图

（1）机械系统包括如图 5-4 所示的自动化立体仓库、堆垛机、出入库输送滚道,以及射频标签系统（图 5-5）、手持电子标签扫描仪等。机械系统用于完成物流仓储系统中货物的信息采集、装卸、搬运、输送、存储等。

（2）自动控制系统主要包含由 PLC 控制器组成的总控系统,各种光电传感器,网络服务器、交换机、控制用计算机和客户终端计算机组成的局域网系统,以及设备控制软件和信息管理软件等,用于控制机械系统的自动运行和信息的传递。

图 5-4　自动化立体仓库、堆垛机及出入库输送滚道

图 5-5 射频标签系统

(3) 物流仓储一体化管理软件系统的组成及功能。

物流仓储一体化管理软件系统(图 5-6)主要有国内物流管理系统和国际物流管理系统。国内物流管理系统主要包括:一个公司总部、一个配送中心、一个配销公司。国内供货厂商为物流经营公司提供商品资源,国内用户是物流经营公司商品的销售对象。为了使商品资源在物流仓储系统不断循环,成为一个"闭环"系统,实验系统将供货厂商和用户二者合一,统称为"供方用户"。

国际物流管理系统主要有国际物流及国际贸易系统,该系统主要设立了国外供货厂商、国外用户、国际物流代理公司、船务公司(国内、国外)、海港码头(国内、国外)、银行(包括收款和付款银行)、海关(国内)以及检验检疫局(国内)。该系统在国外不设立海关和检验检疫局,报关(通关)业务由国际物流代理公司模拟处理。

本实验系统以物流为主线,结合商品流、资金流和信息流实现物流三要素的实训目的。物流管理系统各模块通过仓储信息局域网络和主服务器进行数据交换,进行仓储物流各模块间的信息交换与管理,完成商品的储存、装卸搬运、运输、配送、信息采集与处理等物流作业流程。物流仓储一体化管理流程如图 5-7 所示。

实验中,学生扮演商品物流管理作业流程中的不同角色,进行物流业务流程的模拟,让学生在真实的设备环境中,理解智能化物流仓储管理的内容。

3. 实验设备

(1) 硬件实验设备

自动化立体仓库,堆垛机,出入库输送滚道,人工辅助分拣系统,RFID 射频标签系统、手持电子标签扫描仪及电子标签卡,由服务器、客户端计算机、交换机和 PC 机组成的 NT 网络,打印机,条码打印机,货箱等。

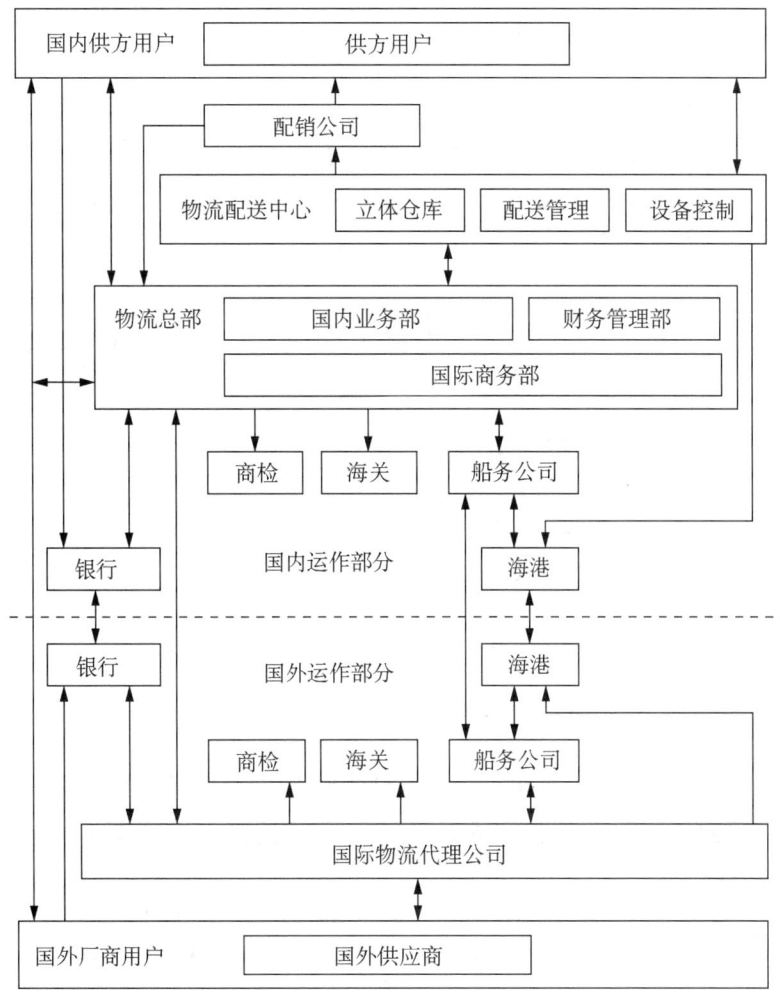

图 5-6 现代物流仓储一体化管理软件系统组成

(2) 管理软件

服务器管理软件、仓库控制软件、国内物流管理软件、国外物流管理软件。

4. 实验准备及实验组织

本实验在智能物流系统认知实验的基础上进行。本实验共需 4 学时,一次完成,2~3人一组进行。

5. 实验内容及实验步骤

本实验利用实验室提供的智能物流仓储实验系统,学习仓储系统的使用。完成以下实验内容:

(1) 了解自动化立体仓库的组成,掌握各组成部分的工作原理和基本功能,会操作控制仓库的运行。

(2) 了解人工辅助分拣系统的组成和工作过程,学会操作设备。

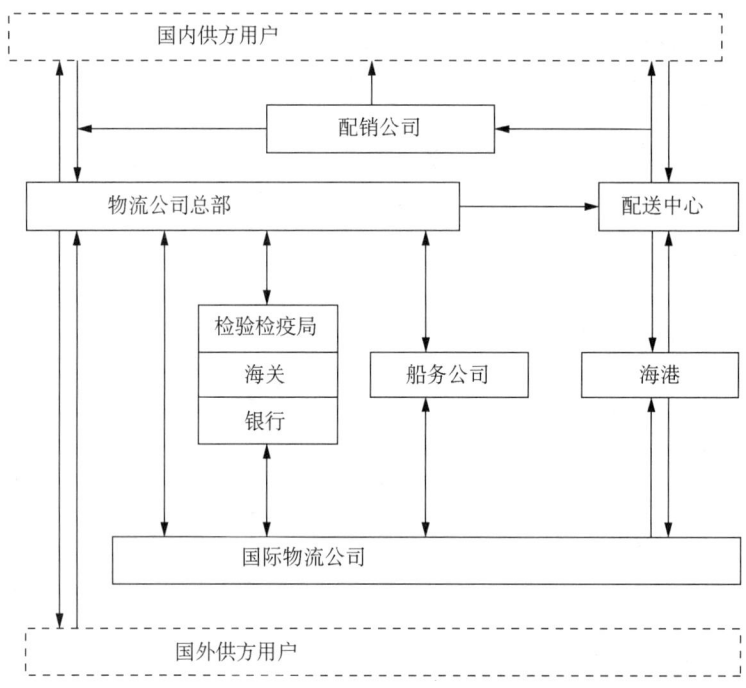

图 5-7 现代物流仓储一体化管理流程

(3) 使用手持电子标签设备进行标签信息的采集,学会电子标签的制作。
(4) 使用国内物流管理软件,完成如图 5-8 所示的国内物流基本业务流程实训。

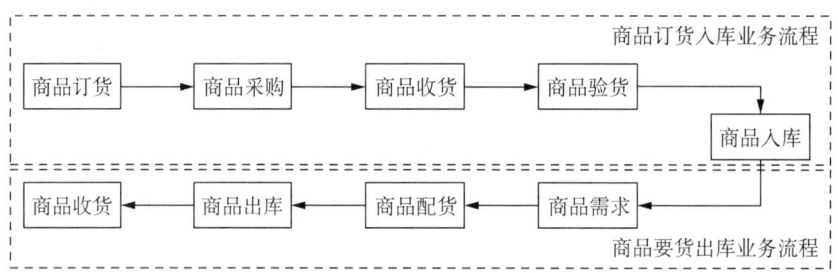

图 5-8 国内物流基本业务流程实训

实验小组自行分配组号,所有物流管理软件用统一的用户名和密码登录,各小组对应的软件系统登录账号和密码见表 5-11。

表 5-11 实验分组登录信息

组号	用户名	登录密码
1	01	01
2	02	02

(续表)

组号	用户名	登录密码
3	03	03
4	04	04
5	05	05

具体实验步骤如下。

(1) 熟悉立体仓库进、出库运行控制

阅读立体仓库使用说明书，了解立体仓库的组成、各部分的功用，确认辊道和堆垛机周围无杂物和无关人员，按照设备操作说明开启设备。

在立体仓库主控机上，打开主控软件"WinCC"，出现如图 5-9 所示的立体仓库主控软件界面。了解立体仓库的"手动操作""系统演示"和"物流实验"三种运行模式的使用场合。

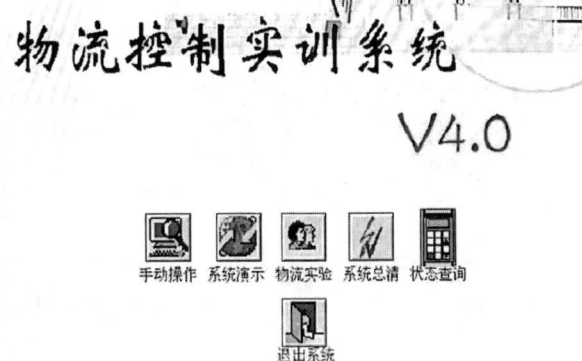

图 5-9　立体仓库主控软件界面

选择"手动操作"图标，使所有设备回归原点。选择"系统演示"图标，按照软件引导，完成一个商品的入库和出库操作，绘制商品出入库的平面流程图。选择"物流实验"图标，进入物流实验模式。

(2) 熟悉物流管理系统各软件功能及物流流程

根据图 5-6 了解各软件的功用，并依次打开各物流管理软件。如图 5-10 所示为物流总部管理系统登录界面，分别输入小组的用户名和密码登录。

登录后，了解软件组成模块、模块包含的内容，以及在物流管理中的功用及使用方法。例如，总部管理系统中所包含的模块如图 5-11 所示。

(3) 人工辅助分拣系统出入库运行

打开人工辅助分拣系统电源，根据软件使用说明启动电子标签应用软件，熟悉电子

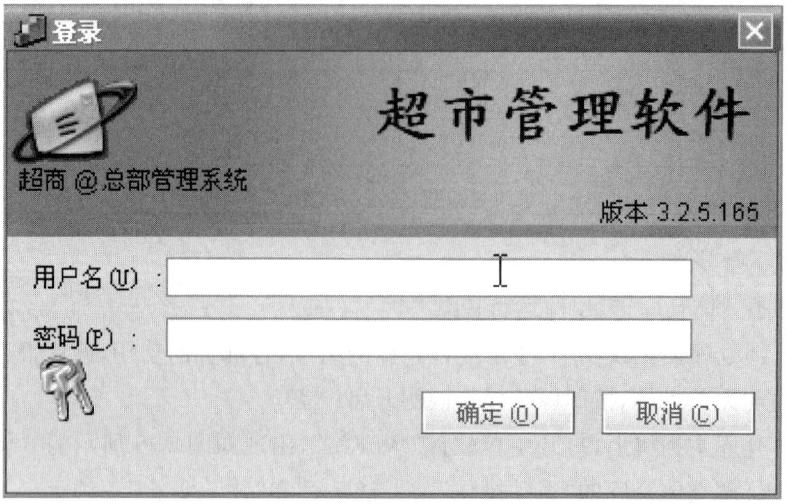

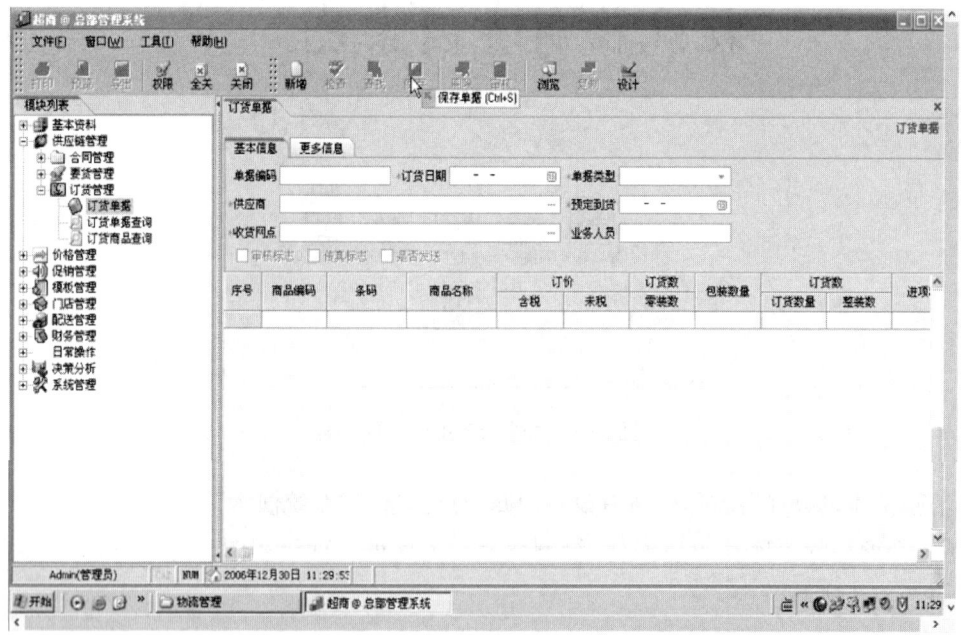

图 5-10 物流总部管理系统登录界面

图 5-11 "总部管理系统"窗口

标签应用软件中的组成和各项功能的使用。利用配送中心管理系统中的入库管理模块(图 5-12),在仓位分配栏目中,设计一个商品出(入)人工分拣仓库的方案,完成人工辅助分拣商品出(入)库任务。

(4) RFID 射频标签读写实训

根据 RFID 射频标签使用说明,启动 RFID 设备,打开 RFID 标签软件,了解软件各

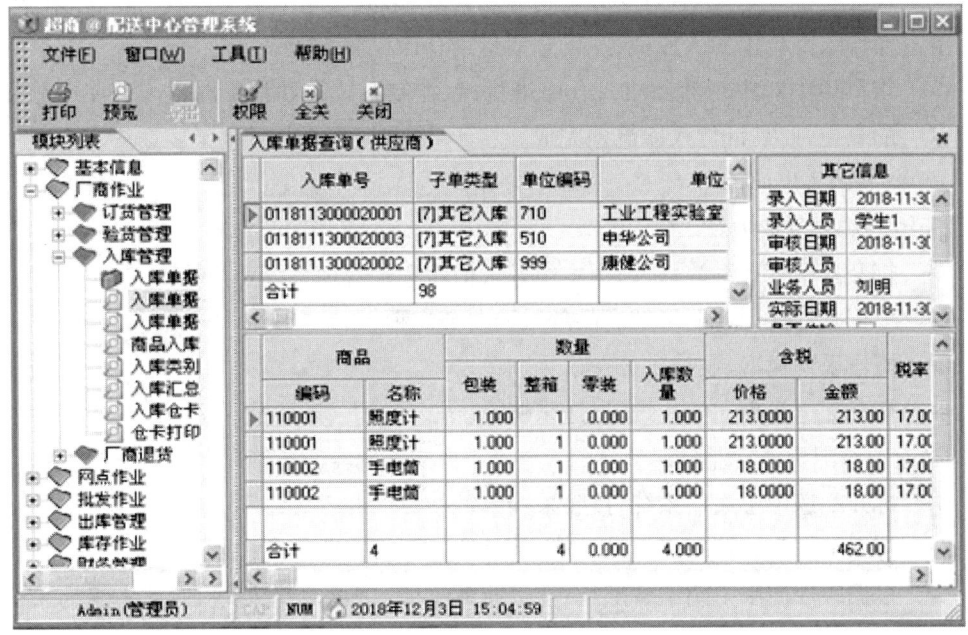

图 5-12 配送中心入库单据管理

项功能,用手持电子标签扫描仪识别电子标签卡,待软件检测到该电子标签卡后,用软件的制作标签功能,完成一个 RFID 射频标签卡的读写操作。

(5) 物流基本业务流程操作

物流基本业务流程包括商品订货入库流程和商品销售出库流程。

① 商品订货入库流程

物流总部订货业务:

> 打开物流总部管理计算机,按照前述方法登录管理系统;
> 根据软件使用说明设计一个商品订货计划,生成订货单;
> 打开物流总部通信系统,发送订单。

国内供货商配货送货业务:

> 打开国内供货商管理计算机,登录系统;
> 根据软件使用说明设计生成一份销售单。

配送中心收货业务:

> 打开配送中心通信系统,接收订单;
> 打开配送中心管理系统,用本组的用户名和密码登录系统;
> 根据软件使用说明了解验货、收货业务过程。操作验收本组的订货单据,完成收货流程;
> 打开入库管理模块,查询本组的入库单据,系统根据订单的商品类型,按照设定

好的仓位分配规则，自动为货物分配仓位，形成入库单据，打印预览入库单据；
- 操作入库单据的入库命令，发送信息给仓库控制系统；
- 将订单中对应的商品放入仓库进货口，控制系统自动将货物送入仓库中分配好的仓位，商品订货入库流程完成。

② 商品销售出库流程

配销公司要货业务：
- 打开配销管理系统软件，用本组登录信息登录管理系统；
- 根据软件使用说明了解商品的采购业务流程；
- 操作采购模型，设计生成一份采购单；
- 打开配销管理通信系统，发送采购单。

配送中心配货送货业务：
- 打开配送中心通信系统，接收采购单；
- 打开配送中心管理软件，用本组登录信息登录管理系统；
- 根据软件使用说明了解配货、发货业务流程。操作配货模块，完成本组的采购单据，完成发货业务流程；
- 打开出库管理模块，查询本组的出库单据，系统根据出库单的商品类型查询库存，并进行配货，形成出库单，打印预览出库单据；
- 操作出库单据的出库命令，发送信息给仓库控制系统；
- 仓库控制系统自动将商品从仓库中送到相应出库口，商品出库流程完成。

6. 实验分析及实验报告

（1）简述实验内容，列出主要实验设备和实验步骤。

（2）简述实验中操作的业务流程，画出业务流程图。

（3）汇总小组同学的业务流程图，绘制商品出、入库业务总流程图，汇总小组的入库单和出库单。

（4）绘制商品入库业务和出库业务的信息流图。

（5）完成实验指导书中的思考题。

（6）简要写出实验心得及实验改进建议。

7. 思考题

（1）自动化立体仓库和人工辅助分拣系统各自的特点是什么？服务的客户有什么区别？

（2）物流仓储系统中，为什么要设置多个出库口？

（3）完成物流公司进货业务需要哪些部门和哪些人员参与，各部门的业务信息流向何处？

8. 问题和建议

写出本实验遇到的问题，实验完成后有哪些收获，对本实验有什么意见和进一步改进的建议。

5.4 柔性智能制造系统认知与操作实验

1. 实验目的及要求

（1）了解实验室柔性智能制造系统的基本组成及应用。
（2）了解柔性智能制造系统各组成部分的功用及工作原理。
（3）熟悉柔性智能制造系统的工作流程。
（4）学会使用柔性智能制造系统完成简单零件的加工。

2. 实验原理

柔性制造实验系统是一种小型的柔性智能制造系统，可以用于加工简单的零件。该实验系统是集光、机、电、气以及计算机信息技术于一体的系统，在实验室内再现了企业的生产过程，使学生在学习期间就能够接触到工业现场的真实设备，认识工业现场设备的组织形式、控制方式及生产方式，提高学生的实践能力。

图 5-13 所示为柔性制造实验系统，该系统主要由硬件系统和软件系统组成，具体组成如图 5-14 所示。

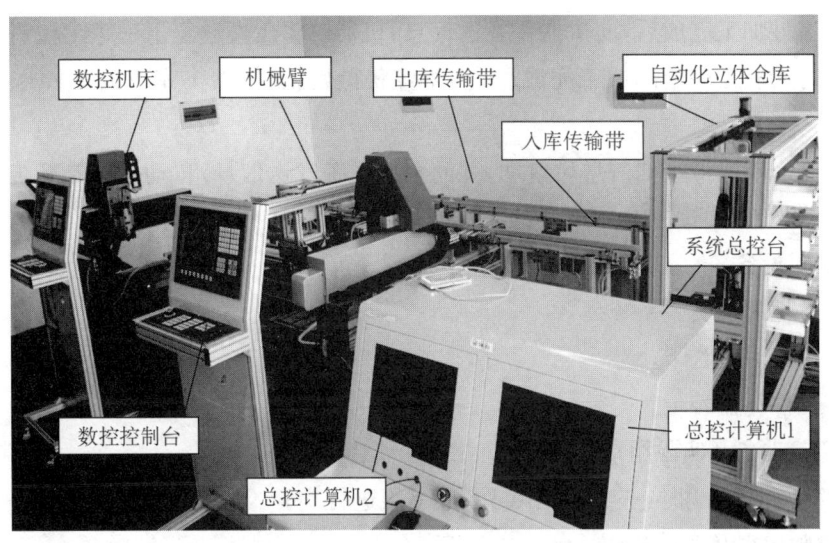

图 5-13　柔性制造实验系统的组成

系统的各组成硬件通过软件系统协调控制，自动完成整个生产流程。系统的工作流程及控制原理如下：

（1）由生产管理系统输入生产任务，并启动任务解析系统，发出开始生产加工指令。
（2）系统服务器将生产任务指令发给自动化仓储系统和数控系统。
（3）自动化仓储系统按照指令连接控制台，使堆垛机自动执行仓储工件的出库，并将工件输送到出库传输带。

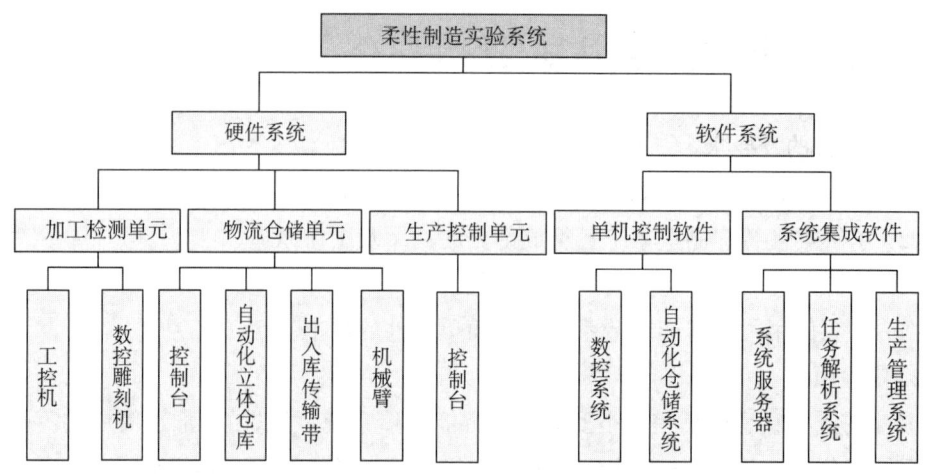

图 5-14　柔性智能制造实验系统基本组成

（4）出库传输带将工件送到加工的缓冲区处，并发送信号给机器臂。

（5）机器臂接收到信息，将工件送到相应的数控雕刻机床上，数控系统启动加工程序，进行工件加工。

（6）工件加工完成后，向机器臂发送信息，机器臂将工件送至下一个工位进行加工。

（7）待所有工序全部加工完成后，机器臂获得信息，将加工完成的工件送至入库传输带。

（8）入库传输带接到信息后启动，并向仓储系统发送信息，自动化仓储系统控制堆垛机将工件放入成品库中，一个完整的柔性制造实验系统工作流程结束。

3. 实验设备

（1）柔性制造实验系统。

（2）亚克力板若干。

（3）工件托盘若干。

4. 实验准备及实验组织

本实验共需 4 学时，一次完成，4~6 人一组进行实验。

5. 实验内容及实验步骤

通过观看柔性制造实验系统完整的工作过程，认识其基本组成，了解组成部分的功能和工作原理，学习主要设备的操作方法。通过简单零件的实际加工操作，了解柔性制造实验系统的整个工作流程、相关软件的组成和功用，以及系统各部分间信息传递的过程。具体实验步骤如下。

（1）系统整体启动操作认识

① 开启气阀。

将如图 5-15 所示气阀开关旋转至"1"位开启，打开气阀。观察压力表的压力，操作雕刻机的夹具气阀,确认夹具是否工作正常,确认系统是否供气正常。

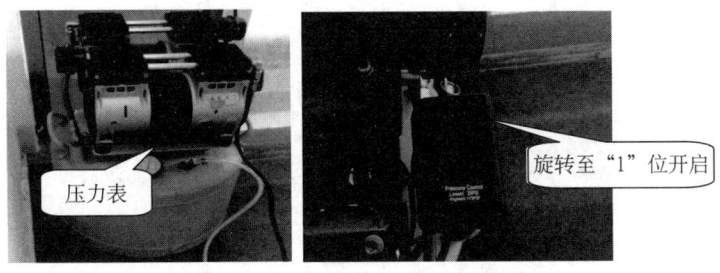

图 5-15　气阀开启示意

② 启动服务器系统。

开启图 5-13 所示的总控计算机 2,在桌面上找到"科技自动化系统服务器"图标,双击图标打开软件系统,显示如图 5-16 所示的界面,单击"开启服务器"按钮,启动系统服务器。

图 5-16　系统服务器

③ 启动任务调度系统。

在总控计算机 2 的桌面上找到"科技自动化任务解析系统"图标,双击图标打开软件系统,系统界面如图 5-17 所示,确认界面下方的数据库指示灯和任务执行指示灯均亮起。

④ 启动自动化仓储系统。

在总控计算机 2 的桌面上,找到"自动化仓储系统"图标,双击图标打开软件系统,显示如图 5-18 所示的界面,输入用户名和密码,登录仓储系统。

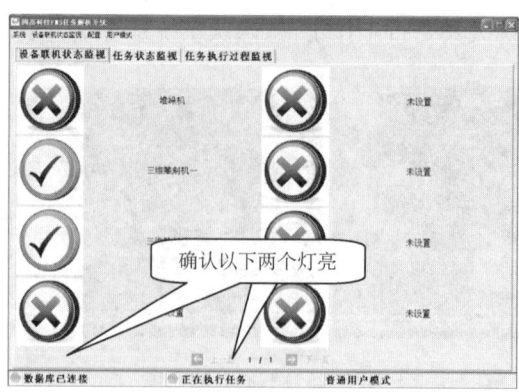

图 5-17　任务解析系统

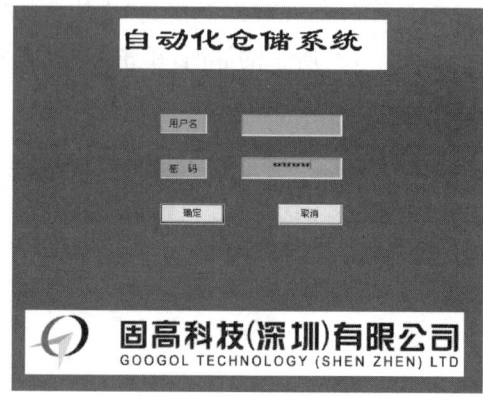

图 5-18　自动化仓储系统

⑤ 启动生产管理系统。

在总控计算机 2 的桌面上,找到"自动化生产管理系统"图标,双击图标打开软件系统,显示如图 5-19 所示的界面,输入用户名和密码,登录生产管理系统。

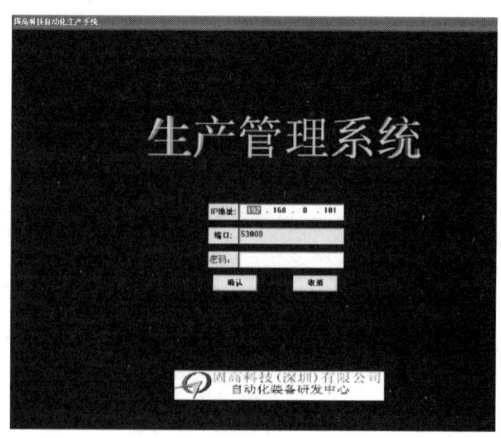

图 5-19　生产管理系统

⑥ 三维雕刻机启动和联机。

启动三维雕刻机系统,如果联机成功(图5-20),则查看任务解析系统界面。"设备联机状态监视"选项中,若"三维雕刻机一"或"三维雕刻机二"选项前显示绿色的"√"图标,表示联机成功;否则,通信建立失败,需重新联机。

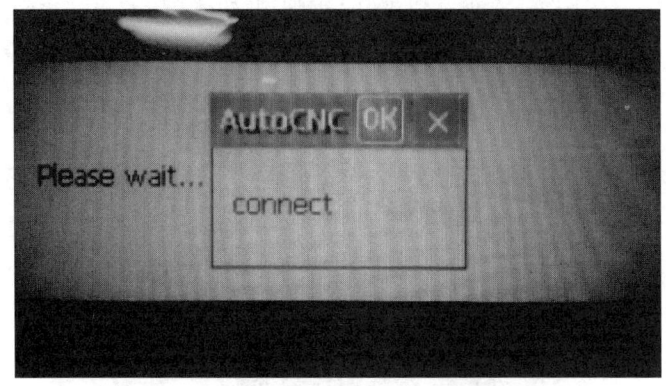

图 5-20　雕刻机启动成功提示框

⑦ 三维雕刻机初始化。

三维雕刻机联机成功后,在如图5-21所示的操作键盘区,先按"Ref Point"键,再按"F1"键,最后按"循环启动"绿色按钮,进行 X 轴位置初始化。按照同样的步骤完成 Y 轴和 Z 轴的初始化。初始化完成后,依次按"AUTO"键和"K3"键,调出需要加工的代码文件。

检查雕刻机上的机械夹具是否处于松开状态,如果不处于松开状态,则用触控笔触碰气阀开关,将其调整至松开状态。

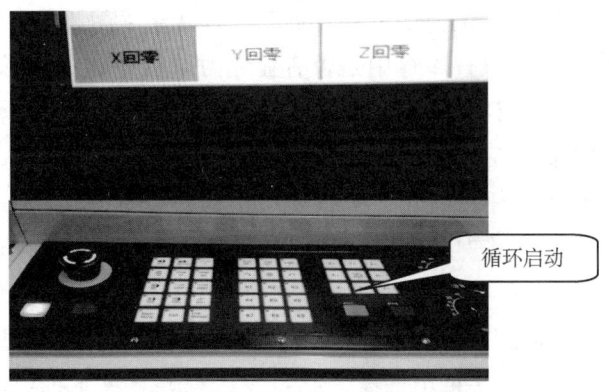

图 5-21　三维雕刻机操作键盘区

⑧ 堆垛机及流水线启动和联机。

在如图5-22所示的堆垛机及流水线控制台上,上电启动后,依次单击"控制""伺服上电"和"全部回零"按钮。此时机械臂应位于工作站二,否则,单击"返回站二"按钮,机械臂会自动回到工作站二。完成堆垛机和流水线的归零初始化后,电控柜上的绿灯开始闪烁。

单击"皮带启动"按钮,启动带式传输系统,单击"联机"按钮,堆垛机、流水线与系统服务器建立连接。查看任务解析系统界面,"设备联机状态监视"选项卡中,若"堆垛机"选项前显示绿色的"√"图标,表示联机成功;否则,联机失败,需重新进行联机。

图 5-22　堆垛机及流水线控制台

⑨ 详细记录开机过程,系统整体启动操作结束。

(2) 亚克力板雕刻加工标牌

① 库存原材料检查。

进入自动化仓储系统,单击左侧"库存管理"图标,打开库存管理主界面,如图 5-23 所示。单击"检索库存"按钮,检查库存中是否有亚克力原料板和托盘,如果没有,单击"添加库存"按钮,出现如图 5-24 所示的界面,选择或输入要添加物料的名称、数量和库位,单击"确认"按钮,物料添加完成。

② 添加标牌制作生产任务。

进入生产管理系统,单击"生产任务管理"菜单栏的"生产管理"选项,进入生产管理界面,如图 5-25 所示。

单击"添加"按钮,在如图 5-26 所示的"生产产品"下拉列表框中,选择"亚克力成品",在"工艺路线"的下拉列表框中选择"一二工艺","数量"文本框中输入"1","创建者"文本框中输入自己的姓名,单击"下达"按钮,任务单出现在"生产管理"选项卡的任务列表中,表示添加任务成功,系统开始自动完成标牌的加工。

③ 观察标牌的加工过程,并详细记录加工流程。

(3) 实验结束,关闭实验系统

① 按照开机的逆序,在自动化仓储系统的控制面板上,断开自动化仓储系统与系统

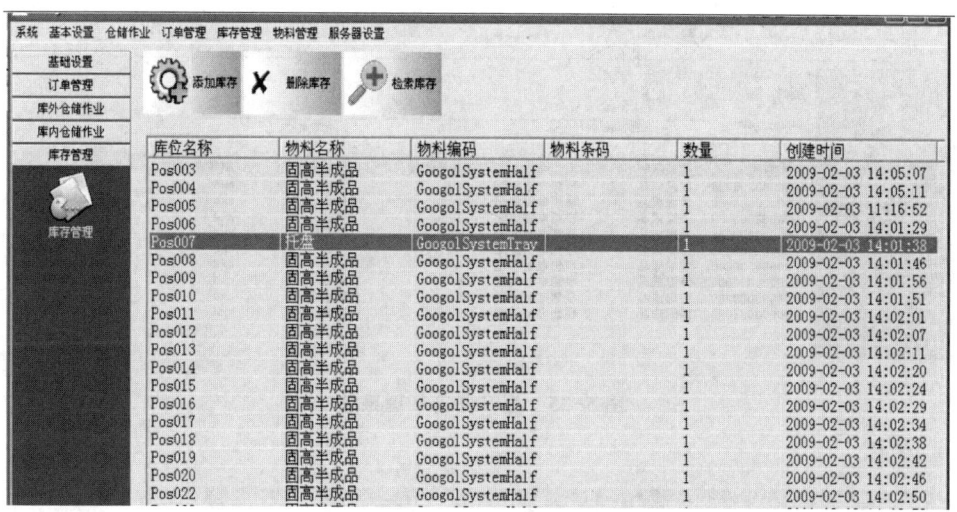

图 5-23　库存管理系统

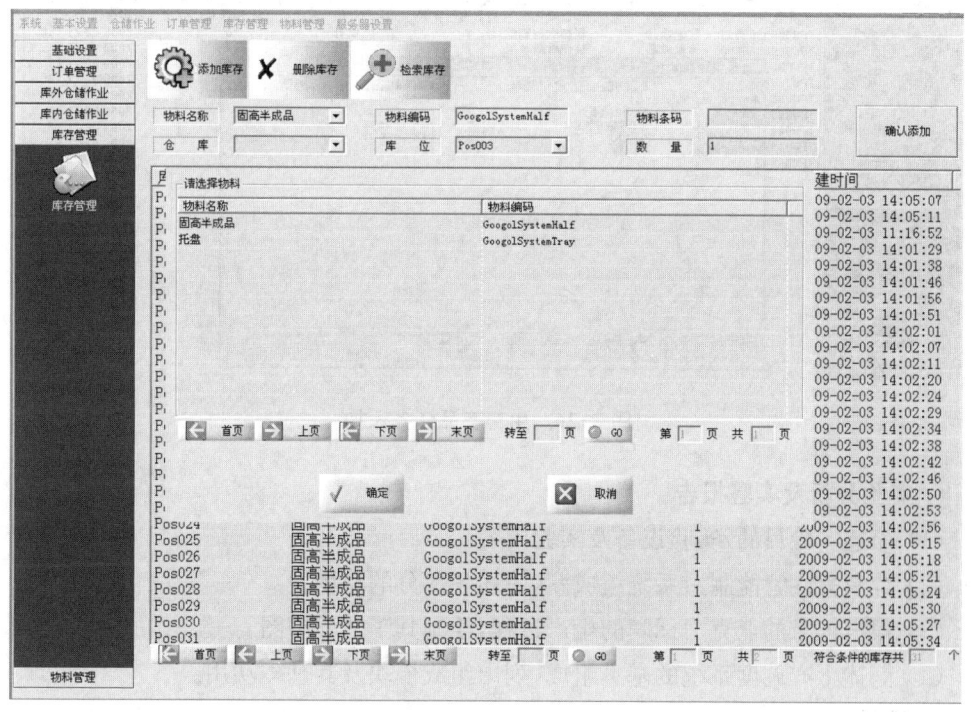

图 5-24　库存物料添加

服务器的连接,关闭带式传输系统,伺服下电,机械臂返回"缓冲站二"。

② 按下雕刻机的关机按钮,气阀的旋钮从"1"位转至"0"位,关闭气阀。

③ 退出生产任务解析系统、自动化仓储系统、生产管理系统和系统服务器,关闭所有计算机。

图 5-25　生产任务管理系统

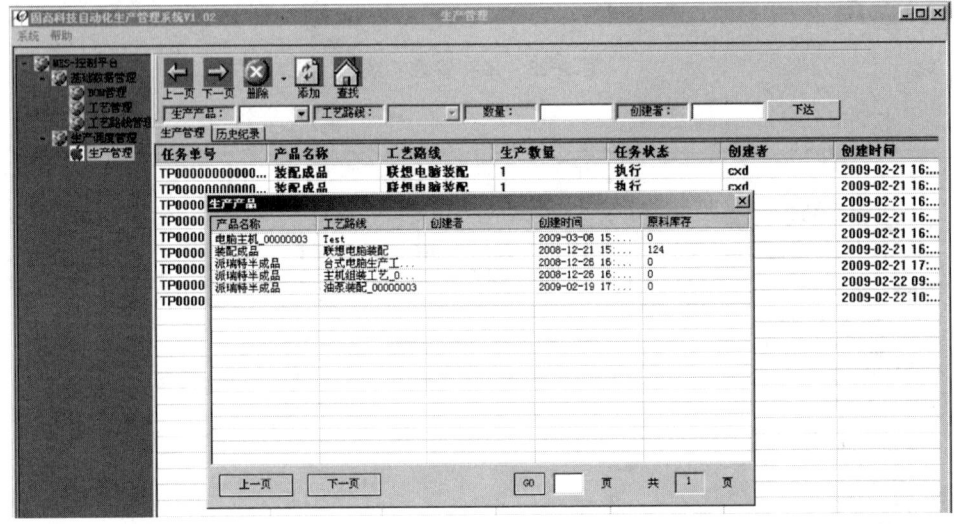

图 5-26　生产产品任务添加

6. 实验分析及实验报告

（1）简述实验目的、实验设备及实验内容。

（2）绘制柔性智能制造系统组成图，简述各部分的功用。

（3）根据记录的亚克力标牌的生产过程，绘制其工艺程序图。

（4）简述生产调度系统的基本组成，列出组成模块及其基本功用。

7. 思考题

（1）该实验系统的自动化立体仓库与智能物流实验系统的仓库系统有什么不同？

（2）该实验系统主要用到了几种输送方式？

8. 问题和建议

写出本实验遇到的问题，实验完成后有哪些收获，对本实验有什么意见和进一步改进的建议。

第6章 专业设计创新类实验

专业设计创新类实验在前述基础类实验和专业技术类实验的基础上,综合应用工业工程专业理论和方法,结合机械工程专业的相关理论和方法,以工程应用项目为主,展开设计型与创新型实验,培养学生的探索意识和从系统学的高度解决工程应用问题的能力。

6.1 手持工具分析与优化实验

1. 实验目的与要求

(1) 了解各种手持工具的使用方法,会根据实际作业任务合理选择操作工具。
(2) 掌握手持工具手部受力的测定方法。
(3) 学会应用人因工程学理论,优化手持工具手柄外形的方法。

2. 实验原理

手是多关节灵巧的复杂器官,既能用很小的力做精细的操作,又能使出很大的力气完成沉重的工作。手的工作能力受其生理结构的限制,从解剖学的观点来看,手部的结构组成比较复杂,手部关节相对于人体的其他活动关节更纤细,强度相对较低,在长时间的劳动中更容易产生疲劳,导致手部肌肉损伤。因此,选择合适的操作工具、操作工具设计的合理性对减轻劳动者手部的疲劳、肌肉损伤以及保持长时间的工作能力都是十分重要的。

作业者在使用手持工具工作时,造成手部疲劳的因素有主观因素和客观因素。主观因素主要有手持工具选择是否合适,操作者使用工具的方法是否正确;客观因素主要是手柄的外形设计是否合理,外形决定了手部在工作中所受作用力的大小、力的分布及作用方向等,是手部疲劳的关键影响因素。因此,合理的手柄外形,应该使手部受力均匀,受力方向合理,使用起来直观感觉更舒适,更有利于长时间、高效率完成作业任务。

手部压力测试的基本原理如图6-1所示,通过手部布置的多个压力传感器,将传感器获得的压力值转换成数据信号,数据采集系统将信息输入计算机中,数据经处理及分析后,输出手部各点的压力值和压力曲线。

3. 实验设备

(1) 不同手柄形状的十字头(或平头)螺丝刀。
(2) 电动螺丝刀。

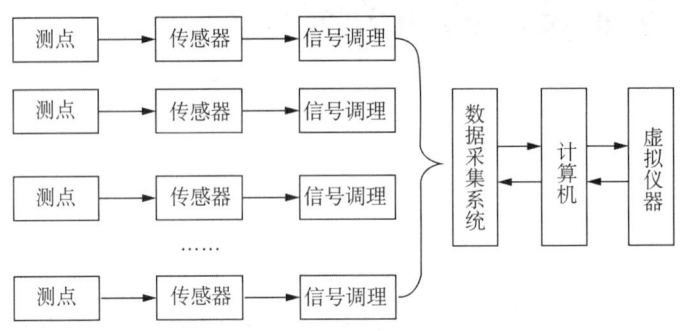

图 6-1　手部压力测试原理

（3）图 6-2 所示的均布 10 个 M4 螺钉孔的实验台，M4 螺钉 20 个。

（4）电子握力计（图 6-3）。

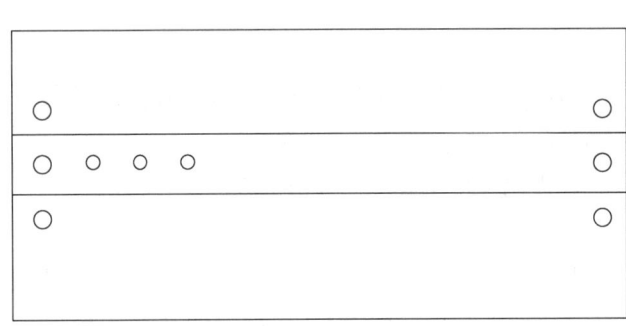

图 6-2　螺钉安装实验台　　　　　　图 6-3　电子握力计

（5）带压力传感器（图 6-4）的手套。
（6）数据采集系统（图 6-5）。
（7）数据采集软件与处理分析软件（图 6-6）。

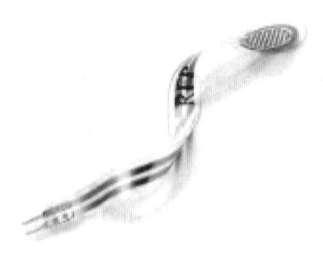

图 6-4　柔性薄膜压力传感器　　　　图 6-5　数据采集系统

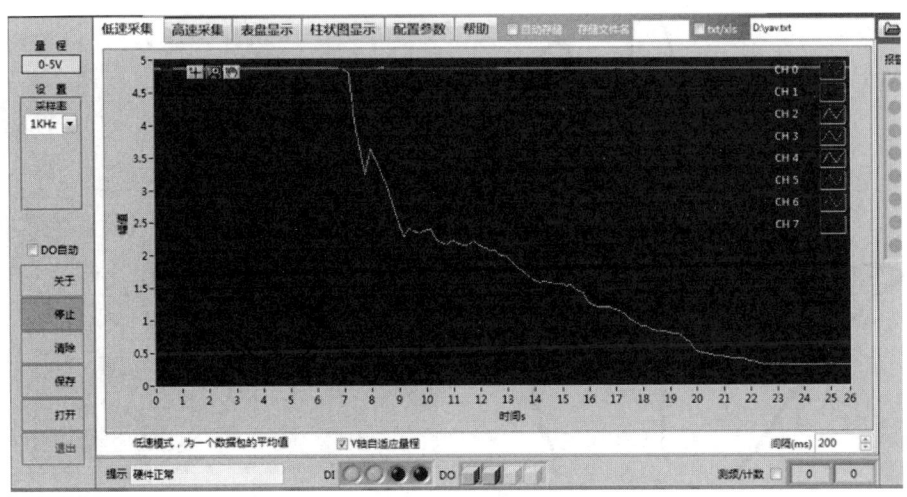

图 6-6 数据处理及分析软件

(8) 数据采集处理计算机。

4. 实验准备及实验组织

(1) 认识各种手持工具,并学会选用和使用方法。

(2) 学会使用握力计测量实验者握力,会调整电动螺丝刀的扭力挡位。

(3) 学习压力传感器和数据处理软件的使用方法。

(4) 了解测试、采集及分析过程的工作原理,熟悉各设备的连接方法。

(5) 本实验共需 4 学时,一次完成。实验每组 3～4 人,其中 1～2 人作为测试者,另 1～2 人作为记录者和辅助测量工作者。

5. 实验内容及实验步骤

本实验应用不同手柄外形的螺丝刀工具,完成相同的工作任务,定性观察分析实验前后作业者手掌的受力状态、手部的握力变化、手部的疲劳情况以及测试者的主观感受,评价工具选择的合理性和工具手柄外形的合理性,提出对手持工具手柄外形的改进思路和具体改进方法。具体实验步骤如下。

(1) 测试者测量个人基本信息。

(2) 布置测试手套传感器。

① 分析螺丝刀的结构,试用 2～3 种螺丝刀装卸螺丝钉,观察手掌受压情况,确定手掌压力测量点的位置,并在手掌图中标出压力测量点(图 6-7)。建议测量点一般不少于 16 个,并将测量点的编码填入压力测量点编号表中,见表 6-1。

② 根据测试者手掌的大小,适当调整测量手套中压力传感器的位置。

(3) 调试螺丝刀手柄压力测量系统。

① 将调整好的压力测试手套的压力传感器接线端子,依次与数据采集系统的端口相连接,并将数据采集器的 USB 端口接入计算机。

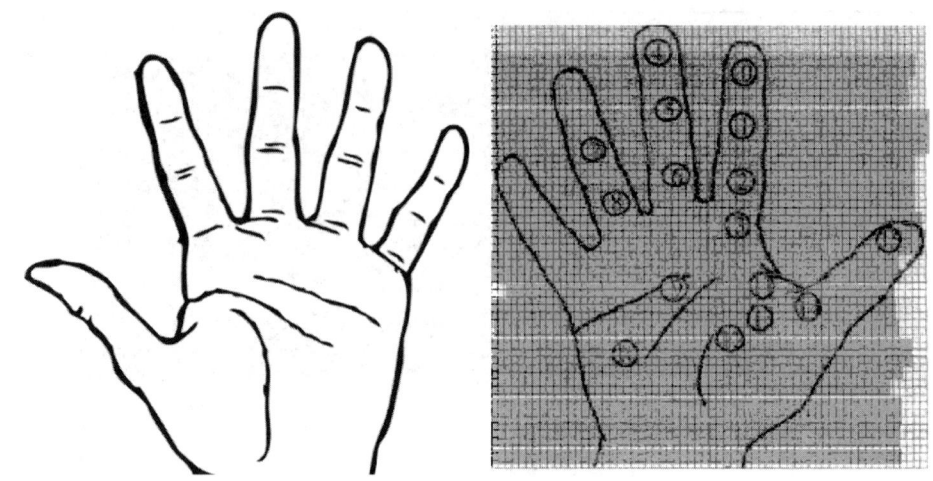

图 6-7　手部测量点分布

表 6-1　压力测量点编号

传感器编号	测试通道号	手部测试点	备注
1			
2			
3			
4			
…			

② 系统连接完成后,接通手套压力测试系统的电源,打开计算机,启动数据采集软件,将测试通道与测试点的对应关系填入表 6-1 中,并在测试系统的通道线上粘贴相应的编号标签。

③ 在已接入测试系统中的各路传感器上,用手指分别施加不断变化的力。观察各个通道所对应的输出值是否有相应的变化,确定各路传感器工作正常,并核对传感器、测试点编号以及通道号三者间的对应关系。

④ 确定各个传感器间受力互不影响,方可进行手柄的压力测试。

(4) 安装实验台螺钉。

① 测试者将不同种类的螺丝刀依次放到如图 6-8 所示的螺丝刀编号器中。

② 测试者使用握力计,记录者将握力数据填入表 6-2 中。测试者根据测得握力的大小,将电动螺丝刀调整到合适的扭力挡位,用电动螺丝刀将 10 个螺钉拧到工作台上。

(5) 测量拆卸螺钉时手部各点压力值。

① 调整工作台到最合适的高度。将工作台高度值填入表 6-2 中,测试者戴上压力手套开始实验。

② 测试者使用 1 号螺丝刀从工作台上拆卸 10 个螺钉,要求每个螺钉要被完全拆卸。

③ 记录者观察测试者本次工作过程中手部各测试点的压力曲线变化情况,并将测得的各点压力值按螺丝刀编号建立文档记录保存在计算机中。

④ 更换另一位测试者,用电动螺丝刀将螺钉重新安装在实验台上。

⑤ 原测试者充分休息后,保证手部没有疲劳感时,使用 2 号螺丝刀,重复实验步骤②和③,直到完成 1~8 号螺丝刀(图 6-8)的拆卸测试。

⑥ 每位测试者重复实验步骤①~⑤共 2~3 次。

⑦ 测试者拷贝各自的实验数据,供课后进行实验分析。

⑧ 本次实验完成,整理所有实验设备。

1	2	3	4	5	6	7	8
○	○	○	○	○	○	○	○

图 6-8　螺丝刀编码器

表 6-2　手部受力测量记录　　　　　年　　月　　日

本组成员:

测试者		身高		握　力	
记录者		体重		工作台高度	

测试点	压力值 (g/mm)	螺丝刀种类							
		1	2	3	4	5	6	7	8
1	p_{max}								
	p_{min}								
	$\bar{p}$								
2	p_{max}								
	p_{min}								
	$\bar{p}$								
3	p_{max}								
	p_{min}								
	$\bar{p}$								
4	p_{max}								
	p_{min}								
	$\bar{p}$								

(续表)

测试点	压力值 (g/mm)	螺丝刀种类							
		1	2	3	4	5	6	7	8
5	$p_{\max}$								
	$p_{\min}$								
	$\bar{p}$								
6	$p_{\max}$								
	$p_{\min}$								
	$\bar{p}$								
7	$p_{\max}$								
	$p_{\min}$								
	$\bar{p}$								
8	$p_{\max}$								
	$p_{\min}$								
	$\bar{p}$								
9	$p_{\max}$								
	$p_{\min}$								
	$\bar{p}$								
10	$p_{\max}$								
	$p_{\min}$								
	$\bar{p}$								

6. 实验分析及实验报告

（1）简述实验内容，列出主要实验设备和实验步骤。

（2）根据实验结果，分析手部工作过程中各测量点压力变化规律，选取各测量点具有代表性的压力变化曲线图，写入实验报告。

（3）根据实验结果，利用式(6-1)～式(6-3)计算各测量点 i 的最大压力值 $p_{\max}^i$，最小压力值 $p_{\min}^i$ 和平均压力值 $\bar{p}_i$ 并填入表6-2中。

$$p_{\max}^i = \frac{\sum_{j=1}^{m} p_{\max}^{ij}}{m} \tag{6-1}$$

$$p_{\min}^i = \frac{\sum_{j=1}^{m} p_{\min}^{ij}}{m} \tag{6-2}$$

$$\bar{p}_i = \frac{\sum_{j=1}^{m} \bar{p}_{ij}}{m} \tag{6-3}$$

式中，i，$j = 1, 2, 3\cdots$；

m——每种螺丝拆卸螺丝钉的总数目。

（4）分析比较表 6-2 中各类螺丝刀的最大压力值和平均压力值，按照从大到小的顺序排列各测量点，填入螺丝刀舒适度分析排序表（表 6-3）。

（5）分析表 6-3 的数据，对各类螺丝刀工具进行舒适度综合评价并排序，填入表 6-3 中。

（6）分析表 6-3 中舒适度综合评价排序第 1 位和第 8 位的两种螺丝刀，建立螺丝刀手柄的三维模型，进行形状对比，并对最不舒适的螺丝刀进行手柄形状改进设计。

7. 思考题

（1）测试过程中的手部疲劳对测试结果是否影响？

（2）测试过程中人体的站姿对测试结果是否有影响？

（3）分析测试结果可能受哪些外界因素的影响？

（4）分析本实验测量方法还可以应用于哪些场合？

8. 问题和建议

写出本实验遇到的问题，实验完成后有哪些收获，对本实验有什么意见和进一步改进的建议。

表 6-3　螺丝刀舒适度分析排序　　　　　　年　月　日

本组成员：

测试者		身高			握　力			
记录者		体重			工作台高度			
测试点	压力值 (g/mm)	压力值由大到小螺丝刀种类排序						
		1	2	3	4	5	6	7	8
1	p_{max}								
	p_{min}								
	$\bar{p}$								
2	p_{max}								
	p_{min}								
	$\bar{p}$								

(续表)

测试点	压力值 (g/mm)	压力值由大到小螺丝刀种类排序							
		1	2	3	4	5	6	7	8
3	p_{max}								
	p_{min}								
	$\bar{p}$								
4	p_{max}								
	p_{min}								
	$\bar{p}$								
5	p_{max}								
	p_{min}								
	$\bar{p}$								
6	p_{max}								
	p_{min}								
	$\bar{p}$								
7	p_{max}								
	p_{min}								
	$\bar{p}$								
8	p_{max}								
	p_{min}								
	$\bar{p}$								
9	p_{max}								
	p_{min}								
	$\bar{p}$								
10	p_{max}								
	p_{min}								
	$\bar{p}$								
舒适度综合排序									

6.2 现代物流仓储系统应用创新实验

1. 实验目的与要求

（1）掌握物流仓储系统的硬件工作原理。

(2) 深入了解信息管理软件系统的组成及各部分的详细功用。
(3) 深入理解物流仓储中物质流、信息流的组织与管理的方法。
(4) 学会将工程问题转化为仓储物流问题的方法。
(5) 掌握物流仓储软件系统各模块中基础信息的组织架构，会使用各信息模块补充基础信息。
(6) 根据实际问题，能运用物流仓储理论知识，设计物流仓储管理的基础作业流程并进行优化设计，实现物品的自动化仓储管理。
(7) 通过实验，初步具备使用物流仓储系统解决实际仓储管理问题的能力。

2. 实验原理

(1) 现代物流仓储系统的功能

现代物流仓储系统是指不进行人工处理的情况下，能够自动完成物料的存储和取出的自动存储系统。通常是指采用几层或几十层的高货架，并用自动化的物料搬运设备、计算机自动管理与控制进行货物的出入库作业的仓库。现代物流仓储系统不仅具备传统自动化仓储系统的全部功能，还具备分拣、理货的功能。

(2) 现代物流仓储实验系统组成

本实验使用的智能物流仓储系统由硬件系统和软件系统组成。硬件系统主要包括自动化立体仓库、人工辅助分拣系统、货物运输小车、电子标签系统、RFID 射频标签系统、手持电子标签扫描仪以及由服务器、交换机和 PC 机组成的 NT 网络。软件系统主要包括设备控制系统和仓储管理软件。仓储管理软件系统由物流公司总部、配送中心、配销中心、国内供应商、国外供应商、船务公司、海港码头、海关、检验检疫、银行等软件模块组成。部分软件模块的功能见表 6-4～表 6-6。

表 6-4 物流公司总部功能

序号	人员	功能职责	
1	财务核算兼总经理	① 公司经营管理 ② 经营财务管理	③ 单据管理
2	国内业务员	① 公司商品规范	② 国内商品订货
3	国外业务员	① 国外进出口业务	② 报关公司
4	信息员	① 总部信息汇总 ② 信息收发	③ 主档维护

表 6-5 配送中心功能

序号	人员	功能职责	
1	配送中心部门经理	① 配送中心经营管理 ② 信息收发	③ 信息汇总 ④ 单据保管
2	预检售货员	核对供方送货商品	

(续表)

序号	人员	功能职责	
3	入库验货员	① 检验入库商品质量 ② 检查商品入库数量	③ 商品入库
4	仓库管理员	① 仓位整理 ② 商品入库管理	③ 商品出库管理
5	配货发货员	① 商品配货 ② 发货区管理	③ 流水线管理
6	送货驾驶员	送货	
7	产品装配员	流水线装配产品	

表 6-6 配销中心功能

序号	人员	功能职责	
1	配销部门经理	① 配销部门经营管理 ② 信息收发	③ 信息汇总 ④ 单据保管
2	配货发货员	① 核对进货商品 ② 检验商品质量 ③ 商品入库	④ 配货管理 ⑤ 仓库保管

以现有教学课程的教学任务作为物流实验教学任务,利用物流工程与管理的相关理论知识,规划教学设备管理方案。将现有物流仓储实验系统中的立体仓库和人工辅助分拣系统,作为现有教学课程设备的存放仓库,通过物流仓储系统中的信息流管理软件,管理现有教学设备,实现教学设备的信息化管理。

3. 实验设备

(1) 主要实验设备。

自动化立体仓库及其控制系统,人工辅助分拣系统及其控制系统,服务器、交换机和 PC 机组成的 NT 网络,货物运输水平,RFID 射频标签系统,电子标签系统等。

(2) 物流仓储管理软件:国内物流业务管理软件和国外物流业务管理软件。

(3) 其他设备:减速器、照度计、温度计等教学用小型设备。

(4) 课程实验教学计划表。

4. 实验准备及实验组织

(1) 本实验在完成智能物流系统认知实验和现代物流仓储系统综合实验的基础上进行,实验前需复习本物流仓储实验系统各组成部分的功能,掌握实验系统中各种设备的操作方法。了解实验室物流仓储管理软件的基本组成,各业务模块的功用及信息组织方法。

(2) 按照设备操作说明书,开启实验系统,检查系统网络是否联通,检查设备运行是否正常。

(3) 选择作为实验任务需实施设备管理的教学课程,熟悉课程实验教学所涉及的设备及设备名称。

(4) 本实验共需 6 学时，分 2 次完成，实验以小组为单位进行，每组 4~6 人。

5. 实验内容及实验步骤

本实验以教学计划中某一课程的实验教学任务为对象，根据实验教学的实验人数及设备需求等，应用物流工程与管理的相关理论知识，利用现有的智能仓储系统，规划和设计教学设备的采购和管理方案，实现教学设备的规划与采购、入库、库存管理、借用和归还等自动化管理任务(表 6-7)，提高设备的使用率和管理水平。具体实验内容如下：

(1) 表 6-8 所示是四门实验课程的计划及人员分配表，表中给出了实验学生总人数、分组情况、所需设备名称等信息。实验小组从表中选择一门课程作为设备规划与管理的对象，规划所涉及的管理职能，并分配小组成员充当对应的管理人员。

(2) 设计从规划与采购设备、设备库存管理、设备借用出库及设备归还等全部设备物流及信息管理的实现流程。

表 6-7　实验任务表

序号	1	2	3	4	5
实验任务	设备规划与采购	设备入库	设备库存管理	设备借用	设备归还

(3) 在物流仓储实验系统中，实际操作上述所有物流及信息管理流程，实现教学课程设备总数、设备库存、设备使用状态等信息的智能化管理。

具体实验步骤如下。

(1) 规划课程所需设备总数。

根据所选课程，按照表 6-8 中课程的学生总人数、每组人数及每次课实验组数等信息，完成实验设备需求信息表(表 6-9)中课程设备的基本信息，规划所需设备总数。所需设备总数应考虑一定的设备余量，保证课程使用意外所需。

表 6-8　课程计划及人员分配

课程名称	总人数	人数/组	组数/次	设备名称	设备管理员	设备供应商	设备使用人
人因工程	50	4	2	1 照度计 2 温湿度计 3 肺功能测定仪 4 灯泡			
机械基础	240	2	20	1 减速器 2 齿轮范成仪			
生产线流程规划与设计	160	8	2	1 喷油泵 2 组装玩具 3 工具箱			
公差与技术测量	240	2	10	1 螺纹测量仪 2 硬度计			

表 6-9 实验设备需求信息

课程名称		学生总人数	
人数/组		组数/次	
序号	设备名称	设备数量	
1	温湿度计		
2	肺功能测定仪		
3			
…			

（2）用物流仓储管理术语描述设备管理业务。

根据表 6-9 设计教学所需设备的规划与采购、入库、库存管理、借用、归还等全部流程，用物流仓储管理的术语描述实验设备管理业务，并绘制如图 6-9 所示的设备管理业务流程框图。

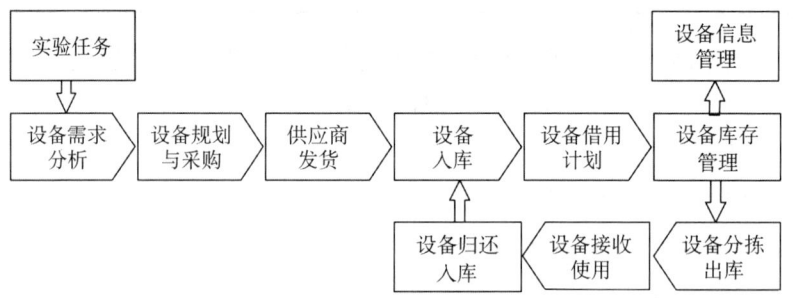

图 6-9 设备管理业务流程

（3）确定设备管理各业务所用的仓储管理软件模块。

分析本实验系统仓储管理软件的构成，明确表 6-4～表 6-6 中各物流信息管理模块的功能及人员设置，确定图 6-9 中的各业务需要用物流管理软件的哪个业务模块来完成，绘制如图 6-10 所示的设备管理业务与管理软件模块间的对应关系图。

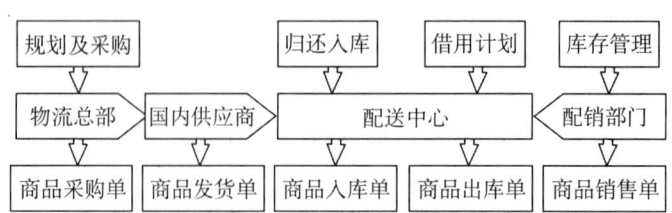

图 6-10 设备管理业务与管理软件模块间的对应关系

(4) 系统基础信息的输入。

① 根据图 6-10 的对应关系,选用对应的管理软件模块,确定如图 6-11 所示的商品资料信息与表 6-8 中人员身份间的关系。

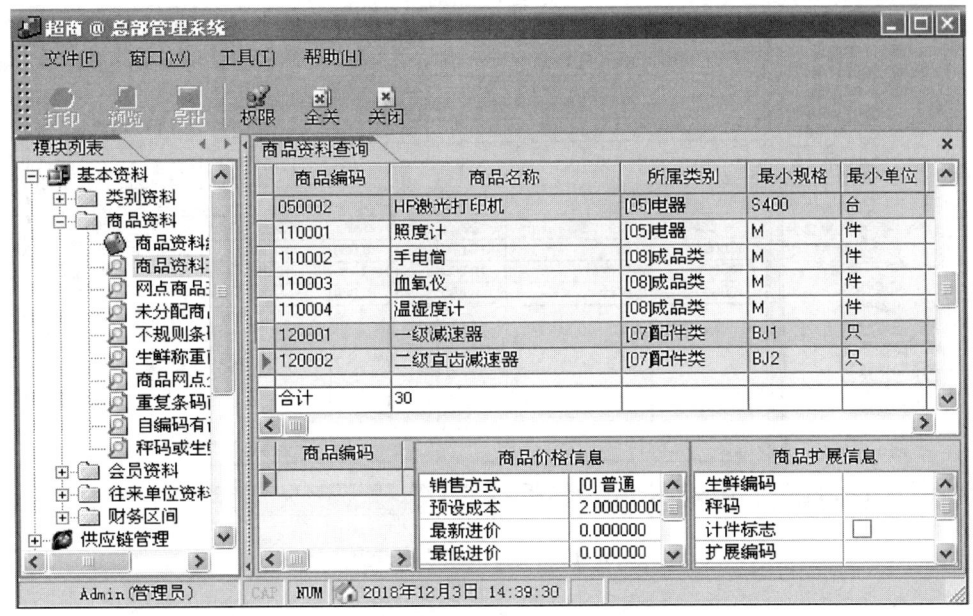

图 6-11　物流仓储管理系统

② 打开相关的物流信息管理模块,用管理员的身份登录系统,找到如图 6-11 所示的选项卡,在"商品资料查询"选项卡中完成系统基本信息的补充。

③ 根据学校教学设备管理的规定,建议将表 6-8 中设备供应商设置为所属课程,设备管理员设置为实验课程责任人,设备使用人设置为承担教学任务的教师。

(5) 在仓储管理软件系统中完成表 6-7 的全部任务。

① 设备的规划与采购

根据图 6-10 的对应关系,由相关管理人员打开商品采购业务流程软件模块,设计填写其中的单据信息表,完成设备采购。采购单据信息表应体现设备与课程名称间的关系、设备名称与设备管理员以及使用者间的关系。

② 设备的验收入库管理

根据图 6-10 的对应关系,由相关管理人员打开验收入库业务流程软件模块,设计填写入库单据信息表,如图 6-12 所示。根据验收单据所列的设备和数量,将待入库的设备放入自动输送机上,启动入库操作命令,控制系统自动完成设备的入库操作。

③ 设备的借用管理

根据图 6-10 的对应关系,由相关管理人员打开业务流程软件模块,设计填写设备需求单据信息表,生成如图 6-13 所示的借用出库单据信息,并将该单据提交给设备管理员审核。

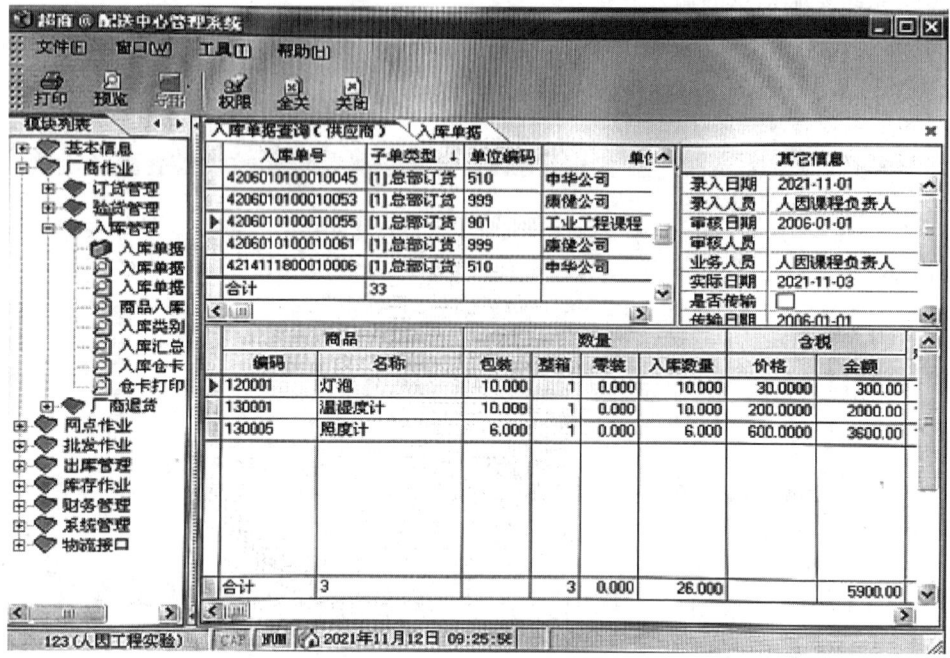

图 6-12　设备入库单据信息

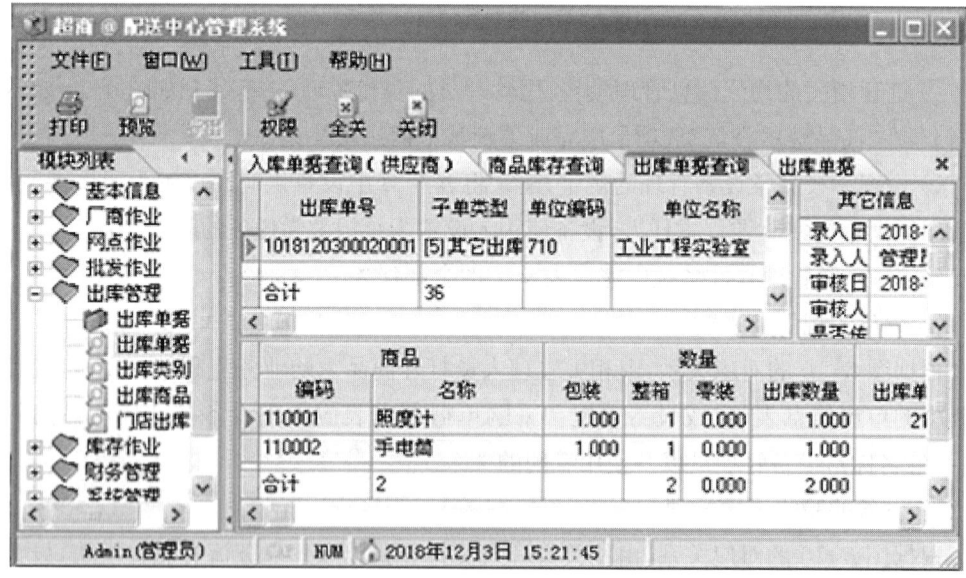

图 6-13　设备借用出库单据信息

设备管理员参考图 6-10 的对应关系,登录业务流程软件模块,查看设备借用单据,检查设备库存信息,如图 6-14 所示。审核借用单据,并启动设备出库操作命令,控制仓库自动完成设备的出库操作。

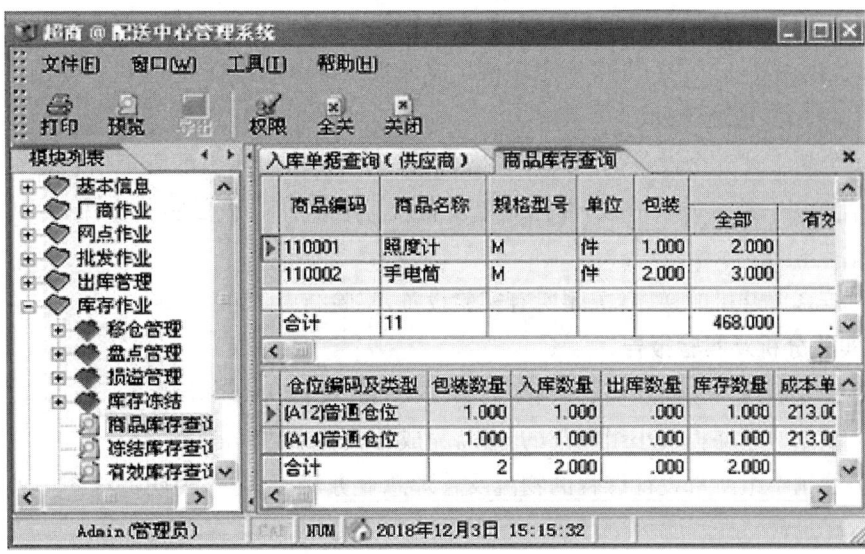

图 6-14　商品库存信息

④ 设备的归还入库管理

设备使用完成后,根据图 6-10 的对应关系,由相关管理人员打开归还入库业务流程软件模块,设计填写归还入库单据的信息表,如图 6-15 所示。业务员根据归还入库单据验收、审核,并将要归还入库的设备放入自动输送机上,启动入库操作命令,控制系统自动完成设备的归还入库操作。

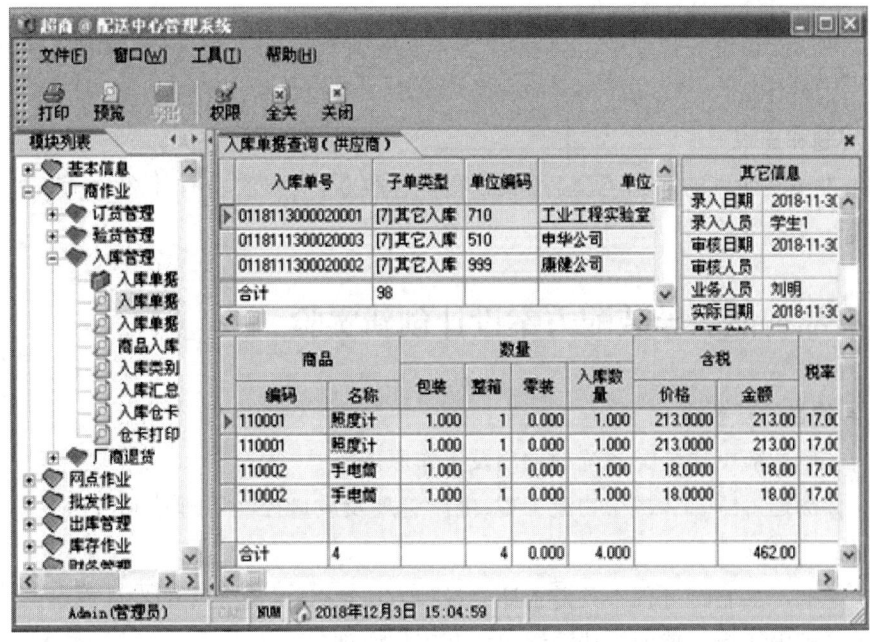

图 6-15　设备归还入库信息

(6) 全组协作完成全部业务流程后,设备管理员打开相关的信息管理软件,进入库存管理模块,由图 6-13～图 6-15 所示表格生成课程设备总库存统计表、设备使用借出统计表和设备使用归还统计表。

(7) 分析上述 3 个设备信息统计表格,检查统计表格中给出的管理信息是否与实验设计的信息相一致。如果一致,保存 3 个设备统计表;否则,重复实验步骤(5)和(6),直至二者结果相同。

(8) 按系统开机的逆序,关闭所有实验设备,实验结束。

6. 实验分析及实验报告

(1) 在实验报告中简述实验内容,列出主要实验设备和实验步骤。
(2) 根据所选课程及小组同学的分工,完成相关基础数据信息。
(3) 绘制小组所选设计课程的物流及管理总业务流程图,并说明流程图中各部分的功能。
(4) 写出操作业务流程模块的操作流程,表格信息设计依据,输出业务流程表格。
(5) 输出课程设备总库存统计表,设备使用借出统计表,设备使用归还统计表。
(6) 根据输出的 3 个设备统计表格,分析实验设计中信息规划的准确性和合理性。

7. 思考题

(1) 实验系统中设备的基础信息由哪个业务流程模块进行补充和修改?具有什么等级的业务操作人员才具有进行补充和修改的权限?
(2) 实验中基础数据在不同业务流程中是如何传递的?实验过程中是如何操作实现的?
(3) 教学课程设备管理中,实验系统各业务流程模块的审核人员是如何设计的?审核员的作用是什么?

8. 问题和建议

写出本实验遇到的问题,实验完成后有哪些收获,对本实验有什么意见和进一步改进的建议。

6.3 产品智能引导装配方案设计创新实验

1. 实验目的与要求

(1) 了解智能引导装配系统的功用及工作原理。
(2) 体会运筹学、工效学、物流工程、生产管理及质量控制等理论和方法在工程中的综合应用。
(3) 掌握产品装配过程中关键工序的设计方法,完成关键工序的设计方案。
(4) 了解电子标签辅助拣选系统组成及工作原理。
(5) 了解配送中心重心选址法的思想及使用方法。

(6) 培养综合运用多种工程设计方法解决工程实际问题的能力。

2. 实验原理

(1) 生产组织及智能化装配设备

现代企业的生产是社会化大生产,为了提高生产效率,提高产品质量,降低生产成本,设备的专业化程度越来越高,高科技集成程度不断提高,资源配置相对更加复杂。

企业生产资源、人员配置及生产的组织模式,与企业的生产规模、企业的产品特性密切相关。对于大规模生产企业,一般采用先进工业流水线生产组织形式;成批生产规模的企业,利用成组技术,将大规模生产的生产组织形式应用于批量生产中。随着社会的进步,定制化、个性化的产品需求不断增加,小批量、多样化的生产方式需求不断增加,合理地选择多功能、高柔性、高精度、高效率的智能设备的集中生产组织方式,是有效满足中小企业、特殊企业生产需求的一种重要途径。

如图 6-16 所示是一种集中式智能引导柔性装配系统,该系统集视觉技术、智能仓储技术、智能监测技术为一体,利用电子看板视频演示零件的装配过程,利用电子标签,智能引导产品的装配顺序和零件在货架上的摆放位置。利用视觉监测技术,实时监测装配质量,有效减轻工人的劳动强度,提高工人的装配效率和产品的装配质量。智能装配系统可以自动演示装配产品的整个装配工艺流程、各工作单元的标准作业,显示装配工序、工步及工步工作内容、装配质量实时监测信息等,并对工人操作错误进行在线统计。

图 6-16 集中式智能引导柔性装配系统

系统的工作原理是根据装配产品的特征，设计装配工艺流程、标准作业、装配质量标准等技术文件，并输入智能装配软件系统中。作业者根据系统提示的作业任务和标准作业方法，在装配作业台上进行装配作业，电子标签控制系统按工艺流程顺序，依次点亮各工步零件所在储物格的指示灯，同时显示零件数量，如图 6-17 所示，摄像系统捕获装配状态信息并输入质量检测系统，进行实时装配质量检测。

图 6-17　示教及检测显示系统

（2）装配作业方法

智能引导装配的软件系统包含了产品的装配工艺流程、工步作业单元的操作方法等基础信息，利用工业工程中的方法研究技术，通过程序分析、操作分析和动作分析等方法，制订合理的工艺流程和作业方法，从而实现优化工作流程、降低工人劳动强度、提高生产效率和企业效益的目的。

用工艺程序分析对生产流程程序和空间配置进行优化和改进，给出工艺程序的顺序，明确表示各工序间的相互工艺关系及时间关系，形成产品装配工艺流程，建立智能装配系统工艺、工步及工步工作内容等基础资料。

用双手操作分析技术研究本实验工作过程中的动作行为，研究操作者、操作对象和操作工具三者的科学组合、合理布置与安排，达到工序结构合理。利用操作分析技术分析操作者在工作过程中的操作方法和步骤是否合理，左右手分工是否均衡，是否存在多余动作。运用提问原则和动作经济性原则，平衡双手操作时间，规范操作行为，同时利用动作分析技术删除作业者无效和不经济的动作,简化操作方法,制订标准操作方法,降低长时间工作疲劳,提高工作效率。由此形成的标准操作方法可输入智能装配系统,建立智能装配系统中各工步的标准作业基础资料。

(3) 电子标签辅助拣选系统

电子标签辅助拣选系统是一排安装在货架格位上的电子显示装置,提示货位应拣取货物的数量,辅助拣货人员的作业,减少目视寻找货物的时间,提高工作效率。

智能引导装配系统利用摘果法的电子标签技术,建立装配零件的仓位、品种与电子标签的对应关系,通过智能装配软件管理系统对产品的工艺装配顺序进行信息处理后,将要拣取零件名称和数量信息传到相应库位的电子标签上,电子标签顺序发出光、声信号,作业人员按照电子标签提示顺序拣货后进行装配作业,完成全部工序的作业。

(4) 配送中心选址和装配零件货架仓位规划

选址问题是物流配送系统规划的重要内容,合理选择物流配送中心,能够节省大量的运输费用、动力成本、人力成本,提高货物的及时到达率和货物的周转率,有效提高企业的利润率。企业一般以最低成本原则进行选址规划,选址中常用的物流规划方法有单一地址运输规划选址法、重心选址法、数学规划选址法等,其中重心选址法是最常见的方法。重心选址法是将物流系统中的需求点和资源点看成是分布在某一平面范围内的物流系统,构成以各起止地址为点的点群,各点的需求量和资源量分别看成物体的重量,利用物流学、运筹学、数学等学科知识,寻找点群中的重心作为物流网点的最佳设置点,达到总运输成本最低的目的。

智能引导装配系统利用重心选址法,将装配作业点作为单一网点,装配用物料货架储物格作为资源需求点,构成物流选址的点群。在智能引导装配空间内,装配作业点作为网点,以仓位作为资源点,各仓位零件数作为各资源点的需求量,零件的重量作为网点到资源点的运输费用,与重心选址法中各物理量建立对应关系,利用重心选址法,进行产品零件存放仓位的分配,使得工人的劳动强度最低。

假设资源点的个数为 n,对应各点的坐标是 (x_i, y_i),各点的资源量为 w_i。设网点的坐标为 (x, y),网点至资源点的运费率为 p_i,重心选址法的求解数学模型为

$$\begin{cases} \sum_{i=1}^{n} x_i w_i p_i = x \sum_{i=1}^{n} w_i p_i \\ \sum_{i=1}^{n} y_i w_i p_i = y \sum_{i=1}^{n} w_i p_i \end{cases}$$

将上述计算获得的零件坐标与货架储物格编号建立对应关系,输入智能引导装配系统中,同时形成零件配送文件。

3. 实验设备

(1) 智能引导装配系统。

(2) 装配用喷油泵。

(3) 喷油泵装配用工艺文件。

(4) 小型台秤。

(5) 摄像机。

(6) 各种装配工具。

4. 实验准备及实验组织

实验前,需要预习实验中所涉及的基础工业工程、人因工程学、设施规划与物流管理、运筹学等课程的基础理论知识,会使用 Excel 软件求解数学规划问题。本实验共需 4 学时,每次 2 学时,分 2 次进行。实验以 3 人一组进行,每次 2 组。

5. 实验内容及实验步骤

本实验利用智能引导装配系统,以喷油泵为装配对象,利用基础工业工程和人因工程学的理论和方法,完成智能柔性装配系统中工艺流程设计和工序标准作业编制。基于重心选址法,运用运筹学的数学方法,分配装配用零部件在储物货架中的仓位,使工人操作合理、效率高,降低劳动强度。具体实验步骤如下。

(1) 分析喷油泵结构组成,熟悉装配关系。

分析喷油泵的结构组成,阅读装配工艺文件,对喷油泵实物进行拆装,熟悉喷油泵的装配流程。

(2) 编制产品的 BOM。

根据装配工艺流程图,拆解喷油泵到最小装配零件或部件单元,编制产品 BOM (表 6-10)。用小型台秤称取各零件的重量,填入表 6-10 中。

表 6-10 喷油泵 BOM

公司			编制者		
产品名称			编制日期		
工序	零件编号	零件名称	数量	自制或外购	重量

(3) 装配作业研究,形成标准作业文件。

① 操作者调整桌椅,坐在工作台的中间位置,按照喷油泵装配工艺流程(附录 7 附

图 7-22)进行正式装配。

② 分析各工序零件的特征,对各工序作业进行工步划分,填入喷油泵装配作业信息表(表 6-11)中。

③ 应用工作研究中的操作分析和动作分析等技术,对各工步装配作业的基本动作进行分析,规划零件及工具的摆放位置,形成各工序的作业顺序及各工步的标准作业,绘制各工步工作空间布置图,并将零件的摆放信息填入表 6-11 中。

④ 打开摄像机,保证操作的所有动作均能完整记录,开始录像。

⑤ 操作者按照装配顺序、作业空间布置图和标准作业动作,完成喷油泵的整个装配过程。

⑥ 两组同学都完成标准装配作业后,关闭摄像机,保存作业录像。

表 6-11 喷油泵装配作业信息

公司			编制者		
产品名称			编制日期		
工序	工步	零件名称	数量	摆放位置	备注

(4) 零件存储位置规划。

① 建立货架存储坐标系,确定各储物格坐标

货架分布如图 6-18 所示,货架有 4 层,每层有 8 个储物格,电子看板指示灯安装在每个储物格的中间位置。以货架平面建立如图 6-19 所示的坐标系,每个储物格宽度为 2 个点位长度,对所有储物格进行编码并标注于图 6-19 中。存储格几何中心点表示存储格的位置,在坐标系中,确定各储物格的坐标,填入表 6-12 中。

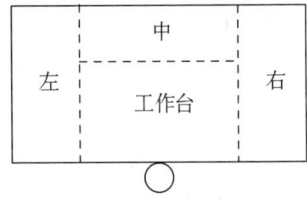

图 6-18 工作台空间布置

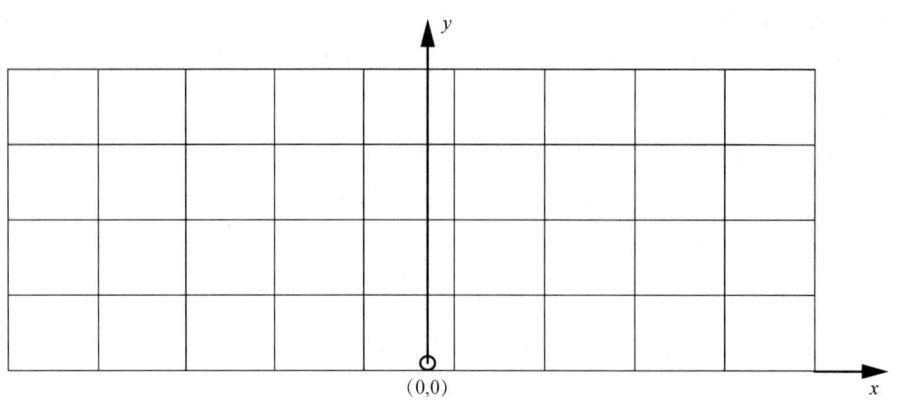

图 6-19　智能装配系统货架储物格划分示意

表 6-12　货架储物格分配信息

储物格编号	坐标(x_i, y_i)	存放零件名称	数量
1			
2			
3			
…			
n			

备注：假定作业者的操作位置在坐标原点，即 $(x, y) = (0, 0)$。

② 应用重心选址方法进行零件存储位置规划

重心选址法计算公式(6-4)中，假设装配作业位置对应网点，货架储物格对应资源点，零件的重量对应网点至资源点的运费率，进行货架储物格分配

$$\begin{cases} \sum_{i=1}^{n} x_i w_i p_i = x \sum_{i=1}^{n} w_i p_i \\ \sum_{i=1}^{n} y_i w_i p_i = y \sum_{i=1}^{n} w_i p_i \end{cases} \tag{6-4}$$

式中，(x, y)——网点坐标，$(x, y) = (0, 0)$；

(x_i, y_i)——第 i 个零件的储物格坐标；

p_i——第 i 个零件的重量；

w_i——第 i 个储物格中的零件数。

在进行零件存放位置规划时遵循以下原则：

➤ 确定 w_i 值时，货架储物格空间允许的情况下，相同的零件尽量放在一个存储位置；

- 零件存放位置规划时,应满足表 6-11 中各零件的摆放位置要求;
- 零件重量相同或接近时,体积大的零件尽量放置在靠近工作台面的位置;
- 零件在货架上的摆放姿态与工步标准作业相一致。

按照上述要求,将规划后的零件存储结果填入表 6-11 和表 6-12 中,形成物料配送单。

(5) 规划方案实施。

① 分组将实验获得的工艺流程文件、标准作业文件、货架储物格分配方案等输入智能引导装配软件系统中,开启智能引导装配系统。

② 运行演示流程,检查装配流程是否满足原始设计要求,电子标签系统运行是否正确,运行无误后开始实物装配实验。

③ 实验每次装配 5 台产品,将 5 台产品所需要的零部件按表 6-12 放到货架相应的储物格中。作业者坐在规定的位置,在工作台上制定的操作位置进行产品的装配,记录下装配完 5 台产品所使用的时间 $t_\text{总}$,按下式计算单台设备的装配时间

$$t = \frac{t_\text{总}}{n}$$

④ 更换小组,重复实验步骤①~③。

(6) 全部实验小组完成装配工作后,实验结束,关闭电脑及设备电源。

6. 实验分析及实验报告

(1) 在实验报告中简述实验内容,列出主要实验设备和实验步骤。

(2) 完成实验内容中的所有图、表。

(3) 对比两组实验结果,分析造成装配时间差异的原因。

(4) 进行装配作业的同学根据装配过程中的操作感受,评价货架规划方案的合理性,指出改进建议。

(5) 完成实验指导书中的思考题。

(6) 简要写出实验心得及实验改进建议。

7. 思考题

(1) 智能引导装配系统适用于哪种类型产品的装配工作?

(2) 使用过程中自我感受需要改进的地方有哪些?请给出改进的思路。

8. 问题和建议

写出本实验中遇到的问题,实验完成后有哪些收获,对本实验有什么意见和进一步改进的建议。

第3部分
工业工程实验成绩评价方法

第 7 章　实验成绩评价方法

7.1　工业工程实验教学的特点

工业工程是一门实践性很强的学科,单纯依靠理论学习、原理和方法学习,不了解企业的运作过程,不深入企业现场,缺乏在实践中训练应用所学的相关理论和方法的过程,很难真正理解和掌握工业工程学科的精髓。

实验教学是工科院校培养计划中的重要教学环节,它是以理论学习为基础,是理论知识的另类展现、综合和灵活的运用,是学生综合能力培养和提升的重要保证。实验考核是实验教学效果优劣的重要体现,也是实验教学改革中的一个重要组成部分,它是检查"教"与"学"的一种有效手段,能够直接反映教师"教"与学生"学"的情况,暴露实验教学过程中"教"与"学"存在的问题,推进理论和实践教学的不断改进,以达到全面提高理论和实践教学质量,巩固所学的理论知识,培养学生将理论知识应用到工程实际中的能力,提高学生的实践能力和科研能力的目的。

实验教学是实践教学非常重要的组成部分,实验教学不同于理论教学,实验教学需要将人、机及环境有机结合,既要求学生具有良好的理论基础知识能力,同时也要求学生具有一定的动手能力和与设备融合的综合应用能力,特别是实验中的学习态度也直接影响实验过程和实验效果。多方面因素的影响使得实验教学成绩评定比较复杂,特别是实验操作效果优劣的评定。如何对学生的实践能力给出合理的评价,是实验教学学生成绩评定中必须考虑的问题。

7.2　实验教学成绩评价体系的目的

实验教学是高等教育的重要环节,实验课程考核主要是检验教师"教"与学生"学"的效果,促进教学内容的完善、教学方法的改进,促进素质教育和人才培养。建立合理的实验考核体系的目的主要体现在以下两个方面。

1. 促进实验教学水平的提高

建立合理有效的实验成绩考核评价体系,可为教师提供第一手教学信息,了解学生实验中存在的问题,而且可以通过考核内容,了解学生的学习过程,引导学生改进学习方法。教师可利用考核提供的信息,及时调整和改进教学方法,完善教学内容。同时,实验考核也是检验实验教师授课水平,学生是否养成良好的实验习惯、是否掌握实验基本技术和基本方法的重要环节。教师可以通过对实验考核成绩各组成部分的分类分析,发现实验过程中存在的问题,不断总结实验教学经验,提高实验教学质量。

2. 促进学生在实验教学实施过程中的主动性和积极性

通过建立准确、公平和客观的学生实验成绩考核标准和成绩考核体系,能够充分调动学生实验的积极性、主动性和创造性,激发学生的学习热情,提高学生的综合素质,促进实验教学方法和手段的改进,达到提高实验教学效果和实验教学质量的目的。

7.3 多元实验成绩体系的构成

实验教学不同于理论教学,实验课程与理论课程的教学方式、上课形式以及课程内涵等均存在着明显区别。实验教学既要学生动脑,也要学生动手,学生的学习效果和收获很难采用理论教学成绩的评价方式,只从最终的实验报告一项来评价实验课程成绩是不合理的。实验课程比理论教学课程的考核内容更加丰富,所包含的考核指标也应该是多方位的。因此,实验课程考核方式、评定指标与评分标准应该结合实验课程教学的自身特点,制定相应的考核方法和考核标准。

本书每节实验的指导书包含实验目的与要求、实验原理、实验设备、实验准备及实验组织、实验内容及实验步骤、实验分析及实验报告、思考题以及问题和建议,部分实验还包含实验教学拓展,启发学生科学研究的意识。实验教学成绩评价方法应体现实验中理论知识的掌握情况和思考问题的能力,同时也应体现学生的动手操作技能以及解决实际问题的能力等,还要保证高出勤率、课堂中积极参与实验的态度等,因此需要建立多方位的实验成绩评定标准和考核体系。

针对实验教学的特点,图7-1所示给出了一种多方位实验成绩评价体系的构成图,构建了包含出勤率、小组实验成绩评定和个人实验成绩评定组成的实验成绩综合评价体系。该成绩评价体系从组织纪律、团队合作和个人能力三个层面综合评价学生的实验能力。

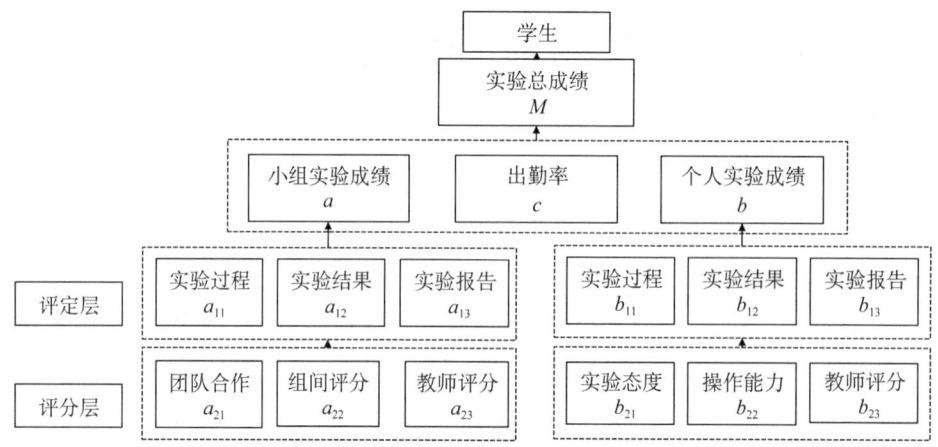

图7-1 实验成绩评价体系的构成

1. 小组实验考核体系和评分方法

根据学科特点,本书实验基本以小组为单位展开,实验需要在分工的基础上,相互合作才能完成。实验中分组是指在实验过程中按照实验内容或模块把学生分为不同的小组(每组2人及以上),每名成员有不同的分工,通过协助形式完成整个实验。分组实验考核体系根据不同的层次可以分为评定层与评分层两层,评定层的成绩综合评分层的各项评分确定。

1) 评定层成绩评价方法

(1) 实验过程评定

实验过程评定包含实验小组整体技术能力和团队合作精神两个方面。实验教学通常以小组为单位组织进行,小组内成员根据各自的分工合作完成实验内容,因而对实验教学过程的评定主要在小组内进行,教师适当参与评分。组内评分是根据统一的评定指标体系,在实验教师的组织监督下,由各小组组长负责,对本组成员在实验过程中的表现进行等级量化评定,再按照一定的方法汇总、整理,综合形成每个学生的组内实验成绩。具体评定指标建议从团队合作精神、基础能力、综合应用能力和创新能力等方面综合考虑。团队合作精神方面,教师通过实验教学过程中对学生定期或不定期的检查,对各组实验方案的制定质量、合理性及可行性、参与实验的积极性等做到实时了解,以便对小组整体协作情况给出评价。

(2) 实验结果评定

相同的实验条件下,由于各小组设计的实验方案不同,采用的实验手段不同,最终得到的实验成果也会有所不同。实验结果评定由组间评分和教师评分两部分组成。组间评分由学生评委组成,从各组中推选出若干名学生构成评价小组参与评分。实验结果评定结合实验过程,参考如表7-1所示的内容进行综合打分。

表 7-1 小组实验结果评定(参考)指标

评定指标	详细内容
资料的搜集、整理、分析情况	① 资料全面、合理、完整 ② 方法正确、方法恰当 ③ 科学性、逻辑性好
实验报告质量	① 结构完整,逻辑性强 ② 思路清晰,观点明确 ③ 语言表述准确 ④ 解决问题方法正确
创新表现	① 实验过程有创意 ② 实验报告构思独特 ③ 方法新颖可行

(3) 实验报告评定

本书中的实验基本采用小组同学分工合作完成,实验报告中既包含了汇集小组数据的总体方案,也包含了个人分工完成的实验模块。教师对比各小组总体方案实验报告部分,综合给出各组的实验报告评分,作为各小组内同学总成绩的一部分计入个人实验总成绩。实验报告评定可以根据实验报告的逻辑性、图表格式的规范性、内容安排的合理性等方面综合评分。

2) 小组实验成绩评分方法

小组实验成绩主要由实验过程评定、实验结果评定和实验报告评定三部分的成绩评分组成,三部分成绩附加不同的权重形成小组的实验成绩评分。具体评分方法如下:

$$a_{11} = 组内评分 \times (80\% \sim 90\%) + 教师评分 \times (10\% \sim 20\%) \tag{7-1}$$

$$a_{12} = 组间评分 \times 40\% + 教师评分 \times 60\% \tag{7-2}$$

$$a = a_{11} \times 30\% + a_{12} \times 20\% + a_{13} \times 50\% \tag{7-3}$$

式中,a_{11}——实验过程评分;

a_{12}——实验结果评分;

a_{13}——实验报告评分;

a——小组实验成绩评分。

2. 个人实验考核体系和评分方法

个人实验是指在实验过程中按照实验内容或模块等要求,需要每个学生独立完成的实验内容。个人实验考核体系与小组实验考核体系相似,也分为评定层与评分层两层。其中评定层也分为实验过程、实验结果和实验报告评定,评定层的成绩由评分层的各项评分确定。

1) 评定层成绩评价方法

(1) 实验过程评定

个人实验包含两类实验:一是基础类实验项目,实验要求1人或2人完成,个人独立完成的实验比例较大;二是分组实验中,需要个人独立完成的实验内容。与分组实验评分不同,对个体实验过程的评定主要关注学生实验过程中的实验态度和实验操作能力等,个人实验操作能力评分主要由教师来完成。教师在实验教学过程中对学生进行定期或不定期的检查,观察学生的实验参与度,对每位学生做出评分。

(2) 实验结果评定

个人实验结果成绩评定,主要由教师来确定。教师可通过对比同组间学生的实验结果,不同组间相同实验内容的实验结果,对学生个人的实验结果进行评价。实验结果评分结合实验过程,参考如表7-2所示的内容进行综合打分。

(3) 实验报告评定

个人实验报告评定参考小组实验考核体系和评分方法中的实验报告评定。

表 7-2 个人实验教学结果成绩评定(参考)指标

评定指标	详细内容
实验态度	① 实验理论、实验操作、实验内容的预习情况 ② 数据收集与整理的情况等
实验能力	① 包括实验方案、设计思路 ② 独立完成实验的程度 ③ 是否按要求进行正确操作等
实验报告	① 结构完整,逻辑性强 ② 思路清晰,观点明确 ③ 语言表述准确 ④ 解决问题方法正确
创新表现	① 方案有创意 ② 解决问题的方法有创意

2) 个人实验成绩评分方法

个人实验成绩可参照小组实验成绩的评分方法。个人实验成绩由实验过程评定、实验结果评定和实验报告评定三部分评分组成,三部分评分附加不同的权重形成个人的实验成绩评分。具体评分方法如下:

$$b_{11} = 实验态度评分 \times 60\% + 操作能力评分 \times 40\% \tag{7-4}$$

$$b_{12} = 实验能力评分 \times 40\% + 教师评定分数 \times 60\% \tag{7-5}$$

$$b = b_{11} \times 25\% + b_{12} \times 15\% + b_{13} \times 60\% \tag{7-6}$$

式中,b_{11}——实验过程评分;

b_{12}——实验结果评分;

b_{13}——实验报告评分;

b——个人实验成绩评分。

7.4 实验课程总成绩评价方法

实验课程总成绩评价由小组实验成绩、个人实验成绩和实验出勤率三项组成,根据三项内容的性质适当分配计分权重,评定学生实验课程的总成绩。具体计算方法如下:

$$M = a \times w_1 + b \times w_2 + c \times w_3 \tag{7-7}$$

$$w_1 + w_2 + w_3 = 1 \tag{7-8}$$

式中,M——实验总成绩;

c——出勤率;

w_1——小组成绩权重系数；

w_2——个人成绩权重系数；

w_3——出勤率权重系数。

权重值 w_1 的取值,根据实验性质的不同,可参照表7-3选取,w_2 的取值按式(7-8)确定,w_3 可由教师自行确定(一般可取20%)。

表7-3 小组实验权重 w_1 的选取(参考)

实验性质	实验人数	权重 w_1
公共基础实验	1~2	10%
专业基础实验	4~6	20%
专业技术类实验	4~8	30%
专业设计创新类实验	6~8	20%

附录

附录1 生产计划基础数据

附表1-1 不同型号柴油机单位产值

序号	产品型号及名称	单位产值（元）
1	2105柴油机	5 400
2	X2105柴油机	6 500
3	X4105柴油机	12 000
4	X4110柴油机	14 000
5	X6105柴油机	18 500
6	X6110柴油机	20 000

附表1-2 不同型号柴油机工序工时

序号	产品型号及名称	热处理（工时）	机加工（工时）	总装（工时）
1	2105柴油机	10.58	14.58	17.08
2	X2105柴油机	11.03	7.05	150.00
3	X4105柴油机	29.11	23.96	29.37
4	X4110柴油机	32.26	27.70	33.38
5	X6105柴油机	37.63	29.36	55.10
6	X6110柴油机	40.84	40.43	53.50

附表1-3 各工序每年可提供的总工时

工序名称	热处理（工时）	机加工（工时）	总装（工时）
全年提供总工时	120 000	95 000	180 000

附表1-4 各种原材料供应量

原材料名称	生铁(t)	焦炭(t)	废钢(t)	钢材(t)
最大供应量	1 562	951	530	350

附表 1-5　不同产品单位原材料消耗量

序号	产品型号及名称	生铁(t)	焦炭(t)	废钢(t)	钢材(t)
1	2105 柴油机	0.18	0.11	0.06	0.04
2	X2105 柴油机	0.19	0.12	0.06	0.04
3	X4105 柴油机	0.35	0.22	0.12	0.08
4	X4110 柴油机	0.36	0.23	0.13	0.09
5	X6105 柴油机	0.54	0.33	0.18	0.12
6	X6110 柴油机	0.55	0.34	0.19	0.13

附表 1-6　各种型号柴油机本年度市场需求

序号	产品型号及名称	生产能力(台)	市场需求量(台)
1	2105 柴油机	8 000	8 000
2	X2105 柴油机	2 000	1 500
3	X4105 柴油机	4 000	4 000
4	X4110 柴油机	2 000	1 000
5	X6105 柴油机	3 000	3 000
6	X6110 柴油机	3 000	2 000

附录 2　工作研究常用分析方法

附表 2-1　基本动作要素

有用度	名称(英文)	例：使用装配式的螺丝刀
第一类 (必需的基本要素)	发现(Find)	发现螺丝刀的位置
	伸手(Transport Empty)	把手伸向螺丝刀
	握住(Grasp)	握住螺丝刀
	搬运(Transport Loaded)	把螺丝刀拿到作业台
	确定位置(Position)	在搬运的途中换手
	组装(Assemble)	在螺丝刀的前端装上螺丝
	使用(Use)	用螺丝刀拧紧螺丝
	拆卸(Disassemble)	取下螺丝刀的前端
	放手(Release load)	把螺丝刀放到工具箱里
第二类 (辅助性的基本要素)	检查(Inspect)	查看螺丝刀前端是否有螺丝
	寻找(Search)	寻找工具箱中的组合式螺丝刀
	选择(Select)	选择规格合适的组合式螺丝刀
	考虑(Plan)	根据螺丝的规格考虑确定螺丝刀的规格
	准备(Pre-position)	把使用完的螺丝刀立在架子上
第三类 (无意的基本要素)	保持(Hold)	把材料握在一只手中
	休息(Rest)	在拧螺丝的过程中休息
	不能避免的迟误(Unavoidable Delay)	由于材料缺陷而停工
	能避免的迟误(Avoidable Delay)	跟别人闲谈后进行工作

附表 2-2　"5W1H"分析法

WHY	为什么这项工作是必不可少的	WHAT	这项工作的目的何在
	为什么这项工作要以这种方式这种顺序进行	HOW	这项工作如何能更好完成
	为什么为这项工作指定这些标准	WHO	何人为这项工作的恰当人选
	为什么完成这项工作需要这些投入	WHERE	何处开展这项工作更为恰当
	为什么这项工作需要这种人员素质	WHEN	何时开展这项工作更为恰当

附表 2-3 "ECRS"原则

1	取消 (Elimination)	对任何工作首先要问:为什么要干？是否能够不干？包括： ● 取消所有可能的工作、步骤或动作(其中包括身体、四肢、手和眼的动作); ● 减少工作中的不规则性,比如确定工件、工具的固定存放地,形成习惯性机械动作; ● 除需要的休息外,取消工作中一切怠工和闲置时间
2	结合、合并 (Combination)	如果工作不能取消,则考虑是否应与其他工作合并： ● 对于多个方向突变的动作合并,形成一个方向的连续动作; ● 实现工具的合并、控制的合并、动作的合并
3	重排 (Rearrangement)	对工作的顺序进行重新排列
4	简化 (Simplification)	指工作内容、步骤方面的简化,亦指动作方面的简化,能量的节省

附录 3 工作研究常用时间宽放率

附表 3-1 标准工时宽放项目与宽放率

宽放项目	评价项目	评价内容	宽放率	工厂取值
生理宽放	喝水、上洗手间、擦汗等	① 轻松性质工作	3.5%	
		② 较重性质工作或环境不良	6.0%	
		③ 举重性质工作或天气炎热无空调	7.0%	
疲劳宽放	努力度	① 较轻松坐式作业	0	
		② 拿轻物上下	1.0%	
		③ 重劳动、拿重物、移动、偶尔休息	1.5%	
		④ 超重劳动无休息	1.75%	
	姿势	① 稳定的坐式作业	0	
		② 普通步行并携带物品	0.3%	
		③ 注意力是否集中;是否干干停停,姿势有无不自然	1.0%	
		④ 急速停止、起动,无休息	1.5%	
	特殊的作业服装与工具	① 无特别处	0	
		② 口罩、长筒、草靴、手套等劳保用品有时用	0.2%	
		③ 基本需佩戴上述用品,但偶尔可以拿下	0.6%	
		④ 不间断使用	0.75%	
	细致程度与眼部疲劳	① 需要细致作业	0	
		② 偶尔需要谨慎细致	0.3%	
		③ 需要小心细致	0.4%	
		④ 经常需要高度小心细致	0.7%	
	重复动作与紧张度	① 几乎很少有重复	0	
		② 偶尔忙碌的需重复动作	0.3%	
		③ 繁忙且无变化的反复动作	0.4%	
		④ 强烈反复,枯燥重复	0.7%	

(续表)

宽放项目	评价项目	评价内容	宽放率	工厂取值
疲劳宽放	单调性	① 有一定兴趣,并非反复动作	0	
		② 一定程度的反复动作	0.3%	
		③ 很单调但偶尔休息一下	0.4%	
		④ 不停的、连续单调不能休息的状态	0.7%	
	创造性注意力	① 不需要	0	
		② 需要一点	0.3%	
		③ 必须具有	0.4%	
		④ 高度必要	0.7%	
	对责任与危险注意度	① 不需要	0	
		② 对他人的安全责任需普通程度地留意	0.3%	
		③ 对自身及他人的安全责任需特别注意	0.4%	
		④ 超级危险作业,需特别注意自己及他人安全	0.7%	
	环境	① 环境清洁	0	
		② 有少许烟尘和臭味的污染	0.2%	
		③ 烟、污物、臭气、灰尘很多	0.25%	
		④ 上述污染非常严重	0.4%	

附录4 体力劳动强度分级表

附表 4-1 体力劳动强度分级表

体力劳动强度分级	男子平均脉搏（次/min）	女子平均脉搏（次/min）
轻	<92	<96
中	92～106	96～110
较重	106～121	110～122
重	121～135	122～134
过重	135～150	134～146
极重	>150	>146

附录5 环境照明参考标准

附表5-1 教育建筑照明标准值

房间或场所	参考平面及其高度	照度标准值(lx)	UGR	U_0	R_a
教室、阅览室	课桌面	300	19	0.60	80
实验室	实验桌面	300	19	0.60	80
美术教室	桌面	500	19	0.60	90
多媒体教室	0.75 m 水平面	300	19	0.60	80
电子信息机房	0.75 m 水平面	500	19	0.60	80
计算机教室、电子阅览室	0.75 m 水平面	500	19	0.60	80
楼梯间	地面	100	22	0.40	80
教室黑板	黑板面	500	—	0.70	80
学生宿舍	地面	150	22	0.40	80

注:UGR—眩光值;U_0—照度均匀度;R_a—显色指数。

附表5-2 作业面邻近周围照度标准

作业面照度(lx)	作业面临近周围照度(lx)
≥750	500
500	300
300	200
≤200	与作业面照度相同

注:1. 作业面邻近周围指作业面外宽度不小于0.5 m的区域。
2. 作业面邻近周围照度可低于作业面照度,但不宜低于表中的数值。

附录6 主观疲劳感觉量级表

主观疲劳感觉量级(Rating of Perceived Exertion，RPE)是瑞典心理学家 Borg 根据心理学原则制定的一种受试者在运动时自己感觉和确认负荷量大小的表格，也称为"自认劳累分级表"，共分为6~20级。它以个人在身体活动中体验到的身体感觉为基础，包括心率增加、呼吸频率增加、出汗增加和肌肉疲劳。受试者应基于对运动难度的整体感觉评价自己的主观疲劳等级。

RPE 表(附表6-1)是借着运动时的主观感觉来运作的，把用户的 RPE 数值乘以10，其值与运动时的实际心率有很显著的相关性。例如，若使用者在运动时感受到的 RPE 数值为16，受试者的心率约为 $16 \times 10 = 160$ 次/min。可以参考自己的感受和心率，确定劳累等级。

附表6-1　RPE 表

自认劳累情况	Borg 劳累分级	例子(大多数小于65岁)
不劳累	6	读书，看电视
极度轻	7~8	系鞋带
很轻	9~10	像折叠衣服这样的似乎有点费力的琐事
相当轻	11~12	步行穿过杂货店，或者其他需要适度力气的活动，但不足以加快呼吸
有点重	13~14	快走或者其他需要适度力气的活动，加快心跳和呼吸，但不会气喘吁吁
重	15~16	骑自行车、游泳，或者其他费力的活动，心跳和呼吸都非常快
很重	17~18	能支持的最高的运动强度
极度重	19~20	比赛的终点或者其他无法长时间维持的活动

附录7 喷油泵组成及装配工艺技术文件

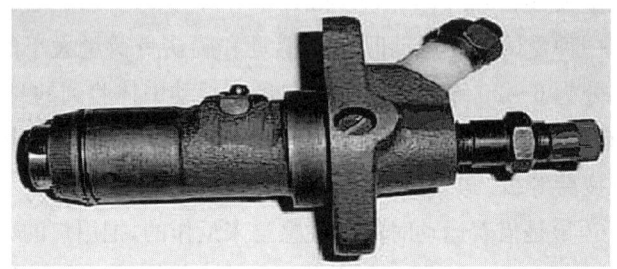

附图 7-1　S195 喷油泵的外形结构

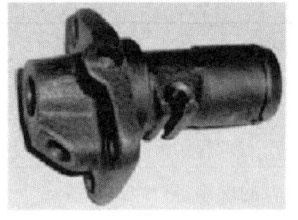

附图 7-2　泵体

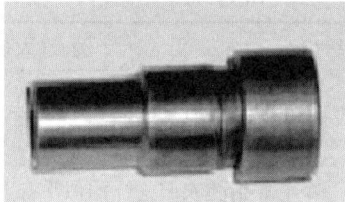

附图 7-3　柱塞套

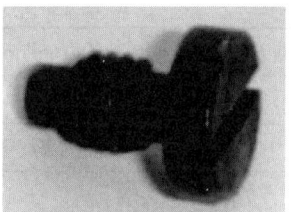

附图 7-4　定位螺钉

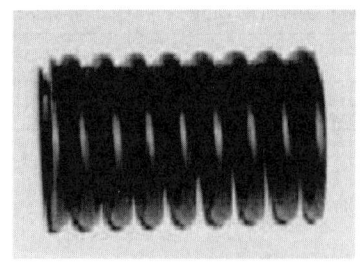

附图 7-5　柱塞弹簧

附图 7-6　弹簧下座

附图 7-7　柱塞

附图 7-8　推杆体　　　附图 7-9　出油阀底座　　　附图 7-10　出油阀

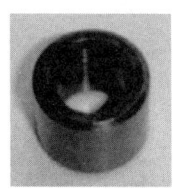  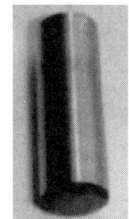

附图 7-11　小圈　　　附图 7-12　大圈　　　附图 7-13　中轴　附图 7-14　出油阀胶圈

附图 7-15　胶帽　　　附图 7-16　出油阀弹簧　　　附图 7-17　出油阀紧座

  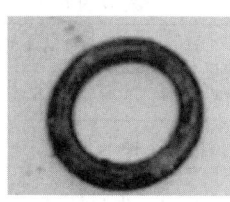 

附图 7-18　进油嘴　附图 7-19　有弹力垫片　附图 7-20　无弹力垫片　附图 7-21　密封垫片

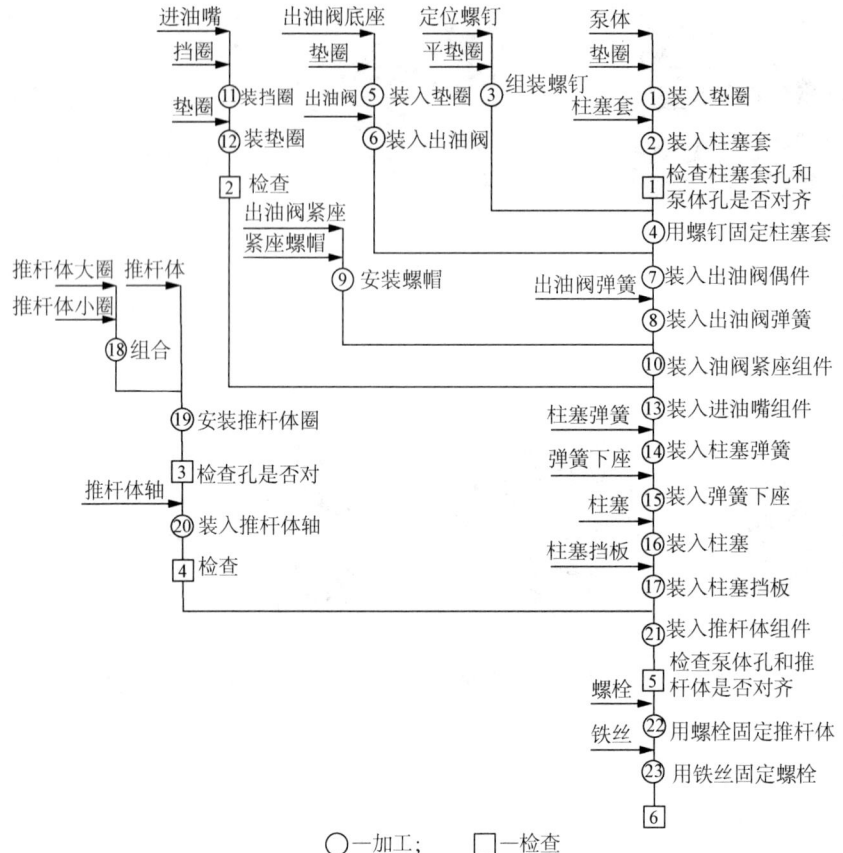

附图 7-22 喷油泵装配工艺程序图

附表 7-1 喷油泵装配操作单元及标准时间

编号	操作单元名称	标准时间
1	装配柱塞套	9″
2	定位螺钉	14″
3	调节杆	6″
4	调节齿轮	5″
5	柱塞弹簧和弹簧上座	6″
6	装柱塞和弹簧下座	8″
7	装入泵体	14″
8	推杆体	7″
9	导向销	8″
10	卡簧	9″

(续表)

编号	操作单元名称	标准时间
11	出油阀底座	6″
12	出油阀	4″
13	出油阀弹簧	5″
14	进油阀底座	5″
15	进油嘴	7″

附录8 计算机主机箱生产工艺技术文件

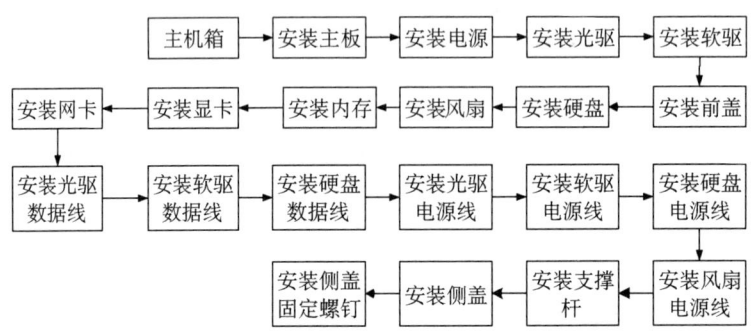

附图 8-1 计算机主机箱装配工艺流程

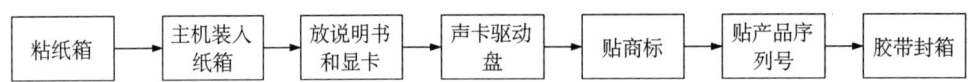

附图 8-2 计算机装箱打包流程

附表 8-1 计算机主要零件加工工艺流程

零件名称	工序号	工序名称
机箱体	01	剪板
	02	冲压
	03	焊接
	04	喷漆
	05	烘干
主机	01	装配
	02	装箱
计算机	01	打包

注:表中假设除机箱体外,其他零件均为外购。

参考文献

[1] 薛伟,蒋祖华.工业工程概论[M].北京:机械工业出版社,2009.

[2] 齐二石,等.现代工业工程与管理[M].天津:天津大学出版社,2007.

[3] 汪应洛.基础工业工程[M].北京:机械工业出版社,1996.

[4] 张广鹏.工效学原理与应用[M].北京:机械工业出版社,2008.

[5] 程光.工业工程现场改善与应用[M].北京:冶金工业出版社,2013.

[6] 蒋增强,鄂明成.工业工程实验与实践教程[M].北京:科学出版社,2016.

[7] 曾强,沈玲.Excel 在工业工程中的经典应用案例[M].北京:北京邮电大学出版社,2017.

[8] 王浩.基于 ProModel 的系统仿真案例教程[M].北京:清华大学出版社,2013.

[9] 张绪柱,等.工业工程实验与实习教程[M].北京:机械工业出版社,2006.

[10] 蒋祖华,奚立峰,等.工业工程实践案例及方法[M].北京:清华大学出版社,2008.

[11] 沈阳市工业工程学会.实用工业工程[M].沈阳:东北大学出版社,1993.

[12] 郭瑞琴,张新艳,顾海燕.应用与教学一体化工业工程实验课程体系探索与实践[J].实验室科学,2019,22(5):132-136.

[13] 杜春沈.工业工程实验教学系统的设计与实施[J].实验室研究与探索,2006,25(6):733-736.

[14] 郑玉巧,赵家黎,吴苍.基于制造业视角的工业工程实践教学研究[J].实验科学与技术,2016,14(3):92-95.

[15] 蒋增强,陈国华.工业工程实验体系研究[J].实验室研究与探索,2013,32(10):141-145.

[16] 乐承毅,王军,冯良清.工业工程专业"三层协同递进式"实践教学体系设计[J].实验科学与技术,2016,14(6):120-123.

[17] 陆刚,孙宇博,卢明银,等.工业工程实验教学课程体系研究[J].价值工程,2016,35(2):184-187.

[18] 关杨,严永红.改善学生亚健康的教室环境动态照明研究进展[J].照明工程学报,2019,30(3):19-33.

[19] 罗龙辉,李广慧,沙金,等.微气候及光照环境对教学效率的影响[J].哈尔滨师范大学自然科学学报,2011,0(4):92-94.

[20] 段天宏,李贤功,李乃梁,等.基于相对综合心率的体力劳动强度评价实验设计[J].实验室研究与探索,2014,33(8):29-32.

[21] 郭瑞琴,顾海燕,周贤德.基于设备管理的物流仓储设计型创新实验教学[J].物联网技术,2020,112(6):114-120.

[22] 郭瑞琴,周贤德.拓展型生产线规划实验模式探索[J].实验室研究与探索,2011,30(12):134-136.

[23] 金观昌,张军,张建中,等.一种新型人足底压力分布测量系统及其应用[J].生物医学工程学杂志,2005,22(1):133-136.

[24] 李娟,徐伯初,连继峰,等.座椅舒适度的人-椅界面体压分布表征[J].机械科学与技术,2014,33(9):1298-1303.